传奇投资人的智慧

ROLF HEINZ
MORRIEN VINKELAU

ALLES, WAS SIE ÜBER
JOHN TEMPLETON
WISSEN MÜSSEN

约翰·邓普顿
投资精要

[德] 罗尔夫·莫里安
[德] 海因茨·温克劳
—著

刘笑 —译

中信出版集团 | 北京

图书在版编目（CIP）数据

传奇投资人的智慧.约翰·邓普顿投资精要 /（德）
罗尔夫·莫里安,（德）海因茨·温克劳著;刘笑译. --
北京：中信出版社, 2022.3

书名原文：Alles, was Sie über John Templeton
wissen müssen

ISBN 978-7-5217-3986-2

Ⅰ.①传… Ⅱ.①罗… ②海… ③刘… Ⅲ.①投资－
基本知识 Ⅳ.① F830.59

中国版本图书馆 CIP 数据核字 (2022) 第 023454 号

Author: Rolf Morrien, Heinz Vinkelau
Alles, was Sie über John Templeton wissen müssen: Der genialste Stockpicker aller Zeiten auf gerade
einmal 100 Seiten
© 2020 by FinanzVerlag, an Imprint of Muenchner Verlagsgruppe GmbH, Munich, Germany
Chinese language edition arranged through HERCULES Business & Culture GmbH, Germany
Simplified Chinese translation copyright 2022 by CITIC Press Corporation
ALL RIGHTS RESERVED
本书仅限中国大陆地区发行销售

传奇投资人的智慧.约翰·邓普顿投资精要
著者：　　　[德]罗尔夫·莫里安　[德]海因茨·温克劳
译者：　　　刘笑
出版发行：中信出版集团股份有限公司
　　　　　（北京市朝阳区惠新东街甲4号富盛大厦2座　邮编　100029）
承印者：　　北京启航东方印刷有限公司

开本：880mm×1230mm　1/32　　印张：36　　　　字数：457千字
版次：2022年3月第1版　　　　　　印次：2022年3月第1次印刷
京权图字：01-2021-5713　　　　　　书号：ISBN 978-7-5217-3986-2
定价：294.00元

目 录

◗ 第一部分

约翰·邓普顿：投资基金之父和全球投资者

◗ 第二部分

约翰·邓普顿的投资业绩

序 言 | **约翰·邓普顿：美国全球投资基金经理第一人**

——刘建位 《巴菲特选股 10 招》作者，

霍华德·马克斯作品《周期》译者

"面朝大海，春暖花开。"

一读海子这句诗，我的心里就种下了一个愿望，我要过上这样充满诗情画意的生活。和我一样有这个愿望的人一定很多，但是有几个人愿望成真了呢？然而，有一位基金经理就过了 40 年这样的日子。他就是约翰·邓普顿。

在我知道的投资大师里，约翰·邓普顿是平衡身体、心灵、工作的佼佼者。

邓普顿生于 1912 年，逝于 2008 年，活了 96 岁，高寿。在投资生涯的后 40 年，他住在海岛上，每天只花 1 个小时研究投资，将绝大多数时间用来陪伴家人，然而，他却保持着卓越的业绩记录，他管理的基金连续 12 年大幅跑赢全球投资指数。他长期支持慈善事业，因对社会的巨大贡献，于 1987 年被英国女王册封为爵士。1999 年，美国《财富》杂志评价他为"20 世纪最伟大的全球股票投资者之一"。

生活方式如此令人羡慕，在保持健康、快乐的同时还比绝大多数投资人更能赚钱，邓普顿是怎么做到的？我们一起来看看。

与约翰·邓普顿相比，另一位美国投资大师彼得·林奇在中国的知名度更高。但是，经过一番研究，我发现，邓普顿才是林奇努力学习的前辈和榜样。

我翻译过彼得·林奇的两本书《彼得·林奇的成功投资》和《战胜华尔街》。林奇在《战胜华尔街》第 6 章中这样写道："我 1984 年开始正式投资美国以外的股市……除了约翰·邓普顿，我是第一个重仓投资海外股市的美国基金经理。邓普顿成长基金是我管理的麦哲伦基金的全球版。不过我一般只是把 10%~20% 的资金投资于海外股市，邓普顿则是把大部分资金投资于海外股市。"

在对比研究邓普顿与林奇之后，我个人认为，邓普顿在美国基金经理之中可以称得上三个"第一人"：美国全球投资基金经理第一人，美国全球成长投资基金经理第一人，美国全球灵活投资基金经理第一人。

美国全球投资基金经理第一人

邓普顿 1954 年在加拿大设立邓普顿成长基金，向北美地区的客户发行，他进行全球投资，比林奇早了 30 年，仓位比例也大得多，因此林奇也承认，邓普顿是美国全球投资基金经理第一人。

在 1954 年到 1992 年的 38 年间，邓普顿成长基金的投资业绩增长 173 倍，平均每年跑赢市场 3.7%，领先幅度约为 1/3，如此长期又如此卓越的业绩，在业内极其罕见。在我知道的投资大师中，能超过邓普顿的，只有巴菲特一人。

邓普顿成长基金的规模增长也相当大。1974年，其资金规模为1 300万美元，1981年为7.5亿美元，1991年增长到29亿美元，在1991年前的18年间，规模增长超过1 500倍。1992年，在邓普顿将邓普顿基金管理公司出售给富兰克林资源公司时，该公司管理的资产规模已达213亿美元。

邓普顿在38年的超长时期内业绩大幅跑赢美国股市，可以说，他是美国长期业绩最优秀的全球投资基金经理，因此，即使是彼得·林奇这位美国20世纪80年代业绩最出色、资金管理规模最庞大的基金经理，也非常尊敬邓普顿这位老前辈。

为什么邓普顿和彼得·林奇都努力投资海外股市？

因为他们想抓住大部分美国基金经理都忽略的投资大机会，简单地说，就是到船少的地方去钓大鱼。大部分人只投资本土股市，这样省事，方便，而邓普顿和林奇等少数基金经理具有全球视野。海外投资更累，但是好机会更多，更能帮你获得超额收益。

彼得·林奇承认自己是因为管理的基金规模太大而被迫转向全球投资的，他在书中写道："因为麦哲伦基金账上有大量现金必须要投资出去，所以我几乎是被迫转向投资美国以外的海外股市，尤其是欧洲股市的。麦哲伦基金资产规模庞大，作为基金经理，我必须找到一些能够大规模投资的大盘股。欧洲股市的大盘股比例比美国股市更高，而且这些欧洲大盘股多数没有受到其他美国基金经理的密切关注。不利之处是，欧洲等海外股市的上市公司的信息披露标准和会计准则跟美国股市不同，透明度低，分析起来要困难得多。不过，你如果认真下功夫研究，就会偶尔抓住像沃尔沃这样的大牛股。"

而邓普顿是主动进行全球投资的。他的观点是：选择范围越大，找到潜在投资机会的可能性就越大。

"研究显示，将投资分散到世界各地的股票组合，从长期来看，比单纯投资到单一国家的多样化股票组合波动更小，回报率更高。分散投资应该是任何投资计划赖以成功的基石。"[①]

"你好好想想这一点，我们的投资工作是找到最好的机会，如果不把自己局限在一个国家里，那么我们肯定能找到更多的机会。同样，如果我们在世界各地到处寻找机会，而不只是在一个国家寻找机会，可能我们就会找到更好的机会。但是最重要的是，这样会减少你的风险，因为每个国家都会有熊市。通常，每12年，在一个大国就会出现两次大熊市，但是不同的国家出现大熊市的时间并不相同。有的人把所有的鸡蛋都放在一个篮子里，都集中投资到一个国家，这个国家一旦发生大熊市，他就损失惨重。相比之下，如果你分散投资，把资产分散投资到很多国家，那么这个出现大熊市的国家的投资占比并不大，你的损失就要小多了。我们一直建议我们的投资者要分散投资，不仅要分散投资

[①] 劳伦·C.邓普顿、斯科特·菲利普斯：《邓普顿教你逆向投资》，中信出版社，2010年10月出版。

到多家公司，要分散投资到多个行业，而且要分散投资到多个国家，这样他们才能够得到更大的安全保障，也能够得到更大的盈利潜力。"[1]

邓普顿始终认为，很多人，包括专家学者，都夸大了全球投资的风险，这种风险完全可以通过充分分散投资来抵消。他的全球投资观点在当时还属于少数派，现在已经成了主流。

美国全球成长投资基金经理第一人

以成长投资而闻名的彼得·林奇是 1977 年接管麦哲伦基金的，而早在 1954 年，邓普顿就设立了邓普顿成长基金。听名字你就知道，这只基金主要投资成长股。它是北美地区最早的一批成长投资基金之一。从业绩和规模来说，在林奇之前，邓普

---

[1] 托尼·罗宾斯：《钱——7 步创造终身收入》，中信出版社，2018 年出版。

顿可以说是美国成长投资基金经理第一人。

20 世纪 50 年代，邓普顿被一些行业中快速成长的公司的潜力深深震撼，他和同事一起进行了一项主要的研究项目，致力于识别出那些快速成长的企业的股票。

1954 年 2 月 15 日，邓普顿在致客户的备忘录中讲述了自己的成长股投资策略：

"要努力增加你的投资收益，还有一个聪明的做法是选择成长型股票。成长型企业的盈利最有可能在未来增长得更多，而且成长型企业会发放更多股息。通常成长型企业的净资产收益要高得多。通过每年留存大部分收益，成长型企业实现每股净资产翻番只需要短短几年，而这又会推动企业盈利和股息进一步增长。"[1]

1957 年 3 月 7 日，在邓普顿成长基金设立三

---

[1] Alasdair Nairn, Jonathan Davis ： *Templeton's Way with Money*，2012 年出版。以下所引邓普顿先生的话，除特别注明均引自此书。

年后，邓普顿在棕榈海滩发表演讲时指出："在20世纪余下的这40多年里，因为科技进步越来越快，选择成长型行业和成长型企业，可能将变得更加重要……在新兴行业表现最优秀的公司股票中，会诞生最伟大的投资机会。在股价很高的年份里，明智的投资者会持有大量高等级债券，这样，等到下一轮大熊市到来，股票再次成为便宜货的时候，投资者就有足够的资金，大量买入真正属于高成长型企业的公司股票。"

从这段话中，我们可以看出，邓普顿并不是只看企业的成长性高不高，他还要看股价估值贵不贵，他和林奇一样，是一个非常灵活的价值投资者，成长性是选股的重要因素之一，但并非全部。真正的投资高手，其策略往往都非常灵活。

美国全球灵活投资基金经理第一人

邓普顿作为一名价值投资者，其投资原则和林奇、巴菲特一样，都是追随格雷厄姆的价值投资基本原则：寻找廉价股，即市场价格相对于内在价值被过度低估的股票。

邓普顿从不插手基金经理的具体投资工作，可以说是完全放手。唯一称得上指导的只有一句话："买便宜的股票。"一句话说清楚大问题，正是邓普顿的大智慧所在，大道至简。

对价值投资者来说，尽管基本投资原则简单明了，但每个人的投资选股风格有很大不同，邓普顿尤其强调灵活投资，理论联系实际，发挥个人优势，因时而变，与时俱进。在合理的逻辑框架内，邓普顿愿意考虑任何能够帮助他识别出廉价股的方法。邓普顿有这样一条投资格言："永远不要只投资一类资产，也永远不要只用一种选股方法……市场情况不断变化，投资者需要保持灵活，保持开放，保持怀疑。"

"如果你连续 5 年在一种证券、一个行业、一个国家取得了超常的业绩，那么下一个 5 年，你很难以同样的投资方式取得同样杰出的业绩。要想维持你的业绩，你必须寻找那些低迷、萧条的市场。"[1]

与巴菲特一样，邓普顿不局限于只投资股市，他相当讲究资产配置。在股市整体估值高于债券的时候，会做出灵活调整，配置更多债券。

2000年春天，在网络股泡沫的顶峰阶段，邓普顿为某财经杂志撰文，建议投资者将关注点从股票转移到国库券（美国国债）。他为自己的私人账户和基金会，用便宜的日元杠杆，买入了1亿美元的长期零息美国国库券，在其后的3年中，收益约为80%。

由此可见，邓普顿的投资策略非常灵活，他做到了"三个融合"：融合全球投资与本土投资，融合价值投资与成长投资，融合股票投资与债券投

---

① 引自徐六里从《杰出投资者文摘》中整理出来的邓普顿的9条投资法则，https://baijiahao.baidu.com/s?id=16894572106
79961304&wfr=spider&for=pc。

资。所以我才称邓普顿为全球灵活投资第一人。

邓普顿之所以投资非常成功，除了全球视野、成长策略、灵活多变，还有一个关键原因是他敢于逆向投资。

邓普顿流传最广泛的一句名言是："牛市在悲观中诞生，在怀疑中成长，在乐观中成熟，在兴奋中死亡。最悲观的时刻正是买进的最佳时机，最乐观的时刻正是卖出的最佳时机。"这不正是巴菲特一生最大的投资秘诀"在众人恐惧时贪婪，在众人贪婪时恐惧"吗？

从某种程度上说，价值投资就是逆向投资，而选择逆向投资，保持与众不同，需要内心有相当强大的定力。说投资是一种信仰，我认为未必，但逆向投资肯定需要一种信仰，相信价值的力量，相信长期的力量。

说到信仰，再也没有比约翰·邓普顿更以信仰著称的投资人了。众所周知，邓普顿在宗教和道德方面有坚定的信仰。一生之中，他在生活、事业上都经历过很大的挫折和打击，正是坚定的信仰支撑他熬过逆境，不断前行，更加成功。

总结：和彼得·林奇一起向邓普顿学习

好了，以上就是我对邓普顿的分析解读。他是彼得·林奇在全球投资领域的前辈和榜样，也是美国全球投资基金经理第一人、美国全球成长投资基金经理第一人、美国全球灵活投资基金经理第一人。

现在，中国经济高度全球化，中国人的投资全球化程度也在不断加深。既然聪明能干的彼得·林奇也向邓普顿学习，那么我们也努力向邓普顿这位全球投资大师学习吧，毕竟这样做全球投资多好啊：

面向大海，春暖花开。

价值为本，全球成长。

　　沃伦·巴菲特也许是现代股市历史上最著名、最成功的投资者。关于投资，他曾这样说："这很简单，但并不容易。"巴菲特的亲密伙伴查理·芒格也有过类似的说法："坚持一个简单的想法，并认真对待。"

　　成功的投资策略并不是秘密。我们在"传奇投资人的智慧"系列图书中介绍的投资策略都非常简单，完全符合巴菲特、查理·芒格、约翰·邓普顿等人的精神。你只需了解这些策略的运作原理，然后坚持将它们付诸实践。

　　在本系列图书中，我们均从传奇投资人的人生经历起笔。你很快就会发现，早年生活往往造就了他们后期的投资成就。约翰·邓普顿从童年起就对商业有着敏锐的感知，他 4 岁时在母亲的花园里种植蔬菜，并把蔬菜卖给本地的蔬菜商店。8 岁的小邓普顿注意到在家乡温切斯特买不到烟花爆竹，于是做了一番研究，发现俄亥俄州的一家公司可以订购鞭炮和烟花。7 月 4 日美国独立日那一天，邓普顿收到了一大包鞭炮和烟花，并将其转卖给同学们。日后，他自豪地说："那次赚到了不少钱。"

虽然我们不能复制这些传奇投资人的童年经历，但是你可以通过这套系列图书了解他们是如何实现自身的个性发展的。我们会为你展示邓普顿、林奇、罗杰斯、科斯托拉尼、格雷厄姆、巴菲特和芒格的投资成就，以及为他们带来成功的投资策略。

在过去几年、几十年或几个世纪里，已经有十几位投资高手找到成功的路径，你为何还要尝试"发明"一种全新的、未经检验的投资策略呢？模仿投资高手的基本策略并不是不光彩的事情，相反，识别、理解和成功实践这些策略已经成为一门艺术。另外，你如果仅仅依靠自己的想法，而忽视成功投资人的见解，就很容易重复别人已经犯过的错误，甚至会在某些时候进入死胡同。向最好的榜样学习，可以避免走弯路。

我们并非要在所有的事情上完全跟随著名投资者，而是要理解他们的决策过程和决策本身。特兰·格里芬在其著作《查理·芒格的原则》中这样写道：

就像没有人可以成为第二个沃伦·巴菲特一样，也不会有人成为第二个查理·芒格。我们不必像对待英雄那样对待任何人，而是要考虑芒格是否像他的偶像本杰明·富兰克林那样拥有我们想要效仿的素质、特质、投资体系或生活方式，即使只有部分值得借鉴。同样的方法也可以解释芒格为什么会阅读数百部人物传记。从他人的成败中吸取经验教训是最快的学习方式之一，可以让自己变得更加聪明，却不必忍受很大的痛苦。

最后，如果股市没有马上给你带来财富，那么我们给你送上查理·芒格对坚持的鼓励："第一个10万美元真的很难赚。"

祝你阅读愉快，在股市中收益丰厚。

海因茨·温克劳

罗尔夫·莫里安

第一部分

约翰·邓普顿：投资基金之父和全球投资者

田纳西州温切斯特的童年时光

（1912—1930）

约翰·马克斯·邓普顿于 1912 年 11 月 29 日出生在田纳西州乡下的小镇温切斯特。当年的温切斯特仅有 1 400 名居民，却是田纳西州南部富兰克林县的县政府所在地。

邓普顿是家中的第二个孩子，父母分别是哈维·马克斯韦尔·邓普顿和韦拉·汉德利·邓普顿。父亲哈维在温切斯特做律师，但并未读过法律专业。由于律师工作的收入不足以养家糊口，因此，颇有商业头脑的哈维制造了一台轧棉机（可以将棉桃的棉花纤维与棉籽分离），以服务商的身份进入了棉花行业。从轧棉机业务开始，哈维先后拥有了一个棉花仓库和一个经销肥料的商铺。作为一名精明的商人，哈维的身份还有保险代理人、房地产商、房东以及新奥尔良和纽约的棉花交易市场中的投机商。这些投资和工作虽不能让邓普顿一家大富大贵，但至少能使他们生活宽裕，邓普顿家是富兰克林县里第一批同时拥有汽车和电话的家庭。[1]

20 世纪 20 年代，美国农业经济危机迫使许多农民出售农场，田纳西州也是如此。温切斯特的强制拍卖会地点就在哈维的律师事务所旁边的广场上，他参与多次，及时买入。到 20 世纪 20 年代中期，哈维以低廉的价格购买了 6 座农场。邓普顿的侄孙女劳伦·邓普顿一直相信，当年的小邓普顿观察到了这种低于市场价的购买行为，因此当他自己成为投资者后也在践行这些理念："邓普顿小时候的观察很可能构成了他最著名的投资策略的基础，即在最悲观的时候买入，他也称其为'极度悲观点原则'。"[2]

母亲韦拉对儿子的成长也有不可磨灭的影响。她所接受的学校教育远高于当时的平均水平。在温切斯特读完高中后，她继续在温切斯特师范学院学习数学、希腊语和拉丁语。毕业后，她在得克萨斯州的一家农场里担任了两年家庭教师，之后回到家乡，在哥哥奥斯卡·汉德利的店里做裁缝和制帽师。韦拉30岁时才与哈维·邓普顿结婚，婚后她负责照看家里的大片土地，种植水果和蔬菜，也养鸡、养猪和养牛，为家庭生计出一分力。韦拉非常虔诚，积极参与当地基督教长老会的活动。儿子们从她那里接受了宗教教育，但在其他方面拥有极高的自由度。约翰·邓普顿曾这样描述母亲的教育："她相信爱并不停地祷告，她会给我们一些生活类的书籍和杂志。"[3]

受到生活类图书的启发，邓普顿和小哈维兄弟二人在很小的时候就在家中做电力试验。

我们很喜欢接触科学。母亲攒钱给我和小

哈维买书，有一本书叫《知识之书》。我们以这本书和《大众机械》为指南，在阁楼上做了各种各样的试验，有些还挺可怕的。凭借较低的电压和电流，我们可以让手指上飞出火花，或者让灯泡在手里发光。[4]

这两个小"电工"还一起制造了一台收音机。"他们认真地听着这个'从空气中接收声音'的小盒子，尽管它说西班牙语。"[5]自由的教育还体现在邓普顿8岁时，当时他多次央求母亲，最终得到了一把猎枪，他可以带着这把猎枪和兄弟们一起打猎。[6]

小邓普顿也有一些与同龄小朋友相同的爱好。他和朋友们一起用树枝和蚊帐制作了捕蝶网，但在出发之前，邓普顿坚持让大家学习蝴蝶的习性。在学校里的朋友圈子中，邓普顿正如他的传记作者们一致描写的那样——乐于承担责任。五年级时，他把镇上所有青少年组织起来，一起玩儿他发明的"骑士和强盗"的游戏。邓普顿给孩子们分组，住在中街以南的孩子们扮演骑士，住在中街以北的孩子们扮演强盗。

他们制定了自己的骑士规则，雕刻了木剑，进行模拟战斗，把囚犯关起来。几个月后，镇上有100多个孩子每个星期都在玩儿这个游戏。作为游戏发明者，邓普顿对规则有最终解释权。[7]

邓普顿住在南高街，位于中街以南，我们可以推测他在游戏里扮演骑士，在好人的一边作战。

邓普顿在闲暇时间也帮助母亲打理花园，并在4岁就想出了第一个商业点子。他用很少的钱买种子，之后再把收获的豆子卖到本地商店，获取了丰厚的利润。8岁时，他还在美国独立日向同学们售卖烟花。

我父亲曾说过："找到一个需求，然后满

足它。"我读三年级的时候，发现温切斯特没有卖烟花的地方，所以我写信给辛辛那提的巴西新奇商品公司，订购了一批鞭炮和烟花。我把这些东西带到学校，以高价卖了出去。[8]

约翰·邓普顿在 8 岁时就已经发现了一个市场空白——在家乡温切斯特买不到烟花。经过短暂的研究，他在俄亥俄州找到了一家提供邮购服务的公司，并订购了不同种类的烟花。他以 5 倍的价格卖给了同学和朋友们，用他自己的话说，他赚了一大笔钱。[9]

邓普顿在十几岁时购买了第一台车，这也彰显了他的创业精神。他和朋友们在谷仓里玩耍时，发现了一台又老又旧的福特汽车。他问谷仓主人他是否可以买下这台车，经过短暂谈判，谷仓主人同意了，邓普顿花了 10 美元就成了这台不能开的破旧福特汽车的新车主。当然，邓普顿并不满足于此，他继续寻找同样的车型，打算把两台报废的旧车组装成一台能开的车。一段时间之后，他找到了第二台福特汽车，同样花 10 美元把它买下。他和八年级的同学们一起将这两台旧车改装成了一辆可以驾驶的汽车。当汽车在响亮的马达声和喷气声中发动的时候，大家高兴地欢呼了起来。4 年后，邓普顿把福特汽车卖掉，还赚到了一笔利润。这并不奇怪，毕竟这笔投资只有 20 美元！ [10]

小邓普顿在童年时期就几乎走遍了美国，因为母亲韦拉很喜欢旅行。1919 年冬天和 1920 年冬天，邓普顿一家都在佛罗里达度假。他们每次旅行都有详尽的计划，因为在 20 世纪 20 年代，只有大城市才有铺设好的道路，而且当时的路标也不是很完善。[11]

1925 年，韦拉计划了一次为期两个月的汽车旅行，目的地是美国东北部。这次旅程经过了精心准备和计划，韦拉认为孩子们应当从中学到一些东西，因此他们在华盛顿特区、费城和纽约等地参观了很多景点和博物馆。在旅途中，一家人大多数时候住在帐篷里，吃自己准备的食物。

食物并不是问题，尤其邓普顿家的男孩们都那么足智多谋。汽车行驶途中，邓普顿和小哈维经常轮流坐在汽车脚踏板上，开枪打那些在路上跑来跑去的野兔。[12]

4年后，韦拉再次驾驶装满行李的汽车上路，带着邓普顿、小哈维和他们的一位小伙伴一起探索美国西部。这次旅行的目的是去密西西比河以西各州参观历史遗迹和美国国家公园，看看太平洋。"这种冒险精神和对旅行的喜爱伴随了邓普顿的一生。"[13] 劳伦·邓普顿在关于约翰·邓普顿的书中这样写道。

读完文法学校，邓普顿于1925年升入温切斯特高中。他是一名模范学生，所有科目的成绩都是优。在高中，邓普顿再次担任活动组织者的角色，成立了一个联谊会。在这之前，邓普顿去隔壁镇见了表兄小奥斯卡·汉德利，他在镇上的私立高中（预科学校）就读。那里有一个联谊会，邓普顿说服他的表兄介绍他加入 Sigma Phi Omega（亚裔美国人荣誉社团）联谊会的当地分会。回到温切斯特后，他给 Sigma Phi Omega 联谊会总部写信，然后在自己的学校里也成立了一家地方分会。

邓普顿在高中时期对文体活动都很积极。他在温切斯特组织了舞会，也参加了邻市西沃恩南方大学的舞会。尽管邓普顿的体重比较轻，但他在温切斯特高中的橄榄球队打了三年橄榄球。[14]

邓普顿很早就开始思考高中毕业之后的去向。他想去耶鲁大学学习经济学。比他大三岁的哥哥小哈维已经在耶鲁大学就读，他询问的每一个人都推荐这所大学。因此邓普顿购买了往年的试题，非常勤奋地准备入学考试，并前往纳什维尔参加了其他大学的入学考试，以此作为练习。邓普顿还遇到了一个困难，但他很有把握地解决了。

要想进入耶鲁大学，必须至少学习 4 年的拉丁语、英语和数学。然而温切斯特高中只提供 3 年的数学课程。校长同意开设一门进阶数学课作为第 4 年的课程，内容为立体几何和三角函数，条件是必须由我本人教这门课，并且我要招募至少 8 个人来上课，这样才能达到政府关于课程开设的要求。后来，校长为我们出了考试试卷，我和我的学生们全都通过了结课考试。[15]

1930 年，邓普顿以全年级名列前茅的成绩从温切斯特高中毕业，并且作为毕业生代表发表了毕业演讲。他被耶鲁大学录取，现在只缺少去新英格兰地区读大学的昂贵学费。父母曾为两个儿子认购了战争债券，但仅有这些钱是不够的。

邓普顿高中毕业后去找工作，成为赫斯特出版公司的一名杂志推销员。邓普顿和一群青少年一起，挨家挨户推销《好管家》和《时尚》等杂志，在全球经济危机时期，这可不是一件简单的事情。出版商给销售团队提供了诱人的奖金，如果能在

8个星期内达成200单订阅量，就会得到8个星期的食宿和交通费用，外加200美元的大学学费。最后，只有4名男孩达成销售目标，邓普顿就是其中之一。

邓普顿虽然不喜欢这份杂志推销员的工作，但他认为这段时光是人生的重要经历。大学学费是每个学期1 000美元，不足的部分由他的父亲提供支持。1930年秋天，约翰·邓普顿得以开启在耶鲁大学主修经济学的大学时代。[16]

耶鲁与剑桥的求学岁月

（1930—1936）

邓普顿进入了位于康涅狄格州纽黑文市的耶鲁大学，在同期 825 名新生中，他属于少数没有读过私立中学的学生。因此，他不像大多数新生那样，在入学时就有自己的朋友和小圈子。这并没有阻碍邓普顿在耶鲁大学有一个良好的开端，期中考试，他进入了班级前 10 名。优异的成绩使他获得了纽约耶鲁俱乐部颁发的奖项。[17] 但随后邓普顿收到了一个坏消息：父亲无法继续资助他的学业了。

在大学第二年开始的时候，父亲遗憾地告诉我，他不能再支付我的学费了，哪怕只是 1 美元。这使我开始非常努力地学习，以取得最优秀的成绩，后来我获得了两项奖学金，这可以补贴开销。母亲靠卖蔬菜和鸡蛋攒了一些钱，我向沃森叔叔借了 200 美元，母亲几年后替我归还了。我向耶鲁大学的学生就业处提出申请，负责人名叫奥格登·米勒，非常能干。他帮助我申请奖学金，也帮助我找各种勤工俭学的岗位，比如在皮尔逊学院做高级助理、制作耶鲁大学年鉴等。[18]

邓普顿的学业很顺利。他是年级最优秀的学生之一，并被选为"Phi Beta Kappa"（全美优等生联谊会）的主席。为了赚取自己的学费，邓普顿不得不从事各种工作，他在皮尔逊学院做高级助理的时候赚了 1 000 美元。

邓普顿参与制作的耶鲁年鉴于 1934 年结算劳务费，邓普顿也得到了一份报酬。他用这笔钱在大学室友杰克·格林的公司开了一个投资账户。

我第一次购买的股票是一只股价为 7 美元的标准天然气和电力公司的优先股，由于全球经济危机，该股票以票面价格的 12% 出售。最初的 800 美元和后来的储蓄，为我带来了我现在所拥有的一切财富。[19]

勤工俭学的收入自然不足以支付精英大学昂贵的学费，于是邓普顿想到了他的扑克技术。邓普顿 8 岁的时候，就经常在冬夜里与朋友们在父母的花园洋房里玩儿赌注为 1 美分的扑克，他深谙扑克技巧，能记住所有打出去的牌，也了解扑克游戏的心理战术。

凭借这些技巧，他经常和同学们一起打扑克，从而增加了一些收入。

邓普顿说，他学费中 25% 的钱是通过扑克游戏赢来的，剩下的 75% 来自兼职工作和因学习成绩优异而获得的奖学金。如果从投资的角度来看，邓普顿玩儿扑克的故事显得格外有趣。他是扑克牌高手。扑克这种游戏要求玩家具有敏锐的洞察力，会计算概率和评估风险，同时了解心理学。[20]

约翰·邓普顿虽然扑克玩儿得很好，但并没有沉湎于这种赌博游戏：他毕业后就再也没有拿起过扑克牌。

附记 | 扑克——股市大亨的游戏

"这款游戏是扑克。邓普顿很擅长，非常擅长。"[21]

在本系列图书所涉及的股市传奇人物中，打扑克似乎是一种非常常见的休闲方式。并非每位传奇投资人都通过扑克游戏来赚钱交学费，但他们中许多人都谈到过自己在夜间玩儿扑克的经历。

比如，查理·芒格曾提到，他在阿拉斯加军事基地工作期间经常打扑克，并且他确信在这个过程中学到了一些对日后做投资有帮助的道理："我在服役期间和当律师的时候经常玩儿扑克，这锻炼了我的商业能力。最重要的是，你必须学会在胜算不大的时候及时弃牌，或者在持有好牌的时候敢于加注。因为你不会经常拿到好牌，机会不常有，所以，只要机会出现，就要抓住它。"[22]

彼得·林奇也多次将股市投资比作扑克游戏："简单来说，投资就是一种赌博，你如果会玩儿这个游戏，就总会有回报。只要你持有股票，就总有新的牌面会被揭开。"[23]买股票之前需要做深入的研究，林奇这样总结："投资之前不做研究就好像在玩儿梭哈扑克[24]时不看牌。"[25]

约翰·邓普顿在1932年开始了专业课的学习，把投资咨询作为主修方向。他很早就开始思考如何对股票进行估值，希望能在投资咨询的专业学习中找到答案。

他学习非常刻苦，同时也在耶鲁大学积极参加社交活动。邓普顿在大学里结识了很多朋友，和朋友们观看大学橄榄球校队的比赛，参加舞会，也是Zeta Psi（泽塔·奥米克龙联谊会）和 Elihu Senior Society（伊利胡高级协会）的活跃成员。

在还有 6 个月从耶鲁大学毕业的时候，邓普顿在皮尔逊学院的上司艾伦·瓦伦丁的建议下，申请了罗德奖学金。这份奖学金是世界上声誉最高的奖学金之一，可以资助学生前往英国的牛津大学学习。在这次重要的考试中，邓普顿的优异表现给评审委员会留下了深刻的印象，他在新英格兰地区 6 所大学的所有毕业生中拿到了仅有的 4 个奖学金名额之一。[26]

1934 年 7 月，邓普顿以年级第二名的成绩从耶鲁大学毕业，获得经济学学士学位。由于邓普顿当时已经决定以后要成为一名投资顾问，因此他想在牛津大学学习国际金融和商业管理。然而，当年牛津大学还没有开设这些专业，他决定先学习法律。1934 年秋天，他乘船前往英国深造。

与在耶鲁的紧张状态相比，在牛津的学习生活是一种享受。牛津的一切都相对平静轻松。这里没有期中考试，也没有成绩或必修课的压力。在两年的学习生活中，牛津的学生们由一名导师辅导。除了14个星期的暑假，英国还有6个星期的圣诞节和复活节假期。

有了罗德奖学金的慷慨资助，邓普顿不再需要为学习期间的费用发愁。通过罗德奖学金，他接触到了英国上层社会的生活。约翰·邓普顿和其他罗德奖学金获得者受邀到许多英国家庭做客，从而更好地了解这个国家及其人民。

在假期里，邓普顿与同学们一起乘坐火车游历欧洲。正如和家人旅行那样，他在旅行前做了细致的规划，也注意控制旅费。1936年春天毕业后，邓普顿和朋友一起踏上了为期7个星期的世界之旅。他们从北欧开始，先去柏林观看了奥运会，然后前往奥地利和匈牙利。随后乘船穿越南斯拉夫和罗马尼亚，游览了保加利亚和希腊，然后去了埃及和以色列。在世界之旅的结尾，他们还去了印度、中国和日本。他们一共去了 35 个国家，参观了主要城市的景点。整场旅行他们每人只花费了 90 英镑，这么低廉的旅费在今天看来难以想象。算下来，他们每晚的住宿费用只有 0.25 英镑。

旅行归来，他们向之前的同学讲述了旅途故事。这位同学把这些故事写成了一篇文章，卖给《好管家》杂志，并与他们分享了稿费，可观的稿费也相当于旅费的一半了。

从纽约的投资顾问到达拉斯的财务副总裁

（1937—1940）

邓普顿在开始世界旅行之前，把自己的求职信分别寄给了100名美国股票经纪人和投资顾问，希望回国后能够直接开始自己梦想中的工作。当他1937年春天回到美国时，信箱里有12封面试邀请函。

开始工作之前，邓普顿与相恋多年的女友朱迪思·达德利·福克斯在纳什维尔结婚了。这对年轻夫妇在墨西哥度完蜜月后，于1937年5月搬到了纽约，达德利在一家广告公司工作，邓普顿在芬纳－比恩公司[27]从事投资咨询，两人刚开始工作时的月薪都是150美元。

"我们一起工作的时候，他总是坐经济舱，尽管他是个亿万富翁。在他看来，商务舱的价钱不划算。"[28] 对于邓普顿来说，节俭始终是一种美德，他也在践行这种美德。在耶鲁大学读书时，由于财务状况拮据，他把每一美分都分成两份来花。即使多年后，他对于不必要的开支也十分谨慎。他在世界旅行期间，选择的都是最便宜的交通方式和住宿地点："他们最贵的住宿费是柏林的 75 美分，最便宜的是在杭州，只花了 10 美分。"[29]

他和朱迪思于 1937 年搬到纽约的时候，决定将收入的一半存起来，用于将来的投资。他们在消费方面也非常节俭："为了使节俭成为一种乐趣，而不是负担，我们把省钱计划告诉了所有的朋友和家人，他们会给我们很多建议。我们在曼哈顿找到了每月租金 50 美元并且带家具的公寓，可以俯瞰东河。朋友们还帮我们到处寻找只需 50 美分就可以吃晚饭的餐厅。"[30]

约翰·邓普顿也没有在汽车上花太多钱。

他的前 5 辆车，每辆车的价格都不超过 200 美元。[31] 虽然后来买了更贵的车，但他依然为自己买了很划算的车而骄傲，比如，在购买劳斯莱斯幻影第六代（1972 年制造）的时候，他说："我在英国买了这台新车，花了 1.2 万英镑。开了 15 年后，有人告诉我这台车能以大约 5 万英镑的价格出售。"[32]

在他早期对日本和韩国市场的投资中，节俭也是一个重要因素。对于这两个国家，他最欣赏的是勤奋工作的人们、增势强劲的出口率、高于平均水平的经济增长，以及国民的高储蓄率。[33]

约翰·邓普顿在芬纳–比恩公司担任投资顾问的工作刚开始不久，在另外一位罗德奖学金获得者的推荐下，他收到了一份来自得克萨斯的工作邀约，待遇优厚。位于达拉斯的美国地球物理公司给他提供了一份财务副总裁的工作，月薪高达 500 美元。与芬纳－比恩公司协商后，他接受了这份工作邀请，与妻子一起搬到了得克萨斯。

在达拉斯，他利用业余时间进修了会计和美国税法。然而这份高薪工作并不能满足他日后成为独立投资顾问的愿望。1940年，约翰·邓普顿购买了一家投资咨询公司。在独立经营之前，邓普顿完成了日后使他成名的第一笔大型投资，也就是传奇的"仙股交易"。

附记｜传奇的仙股交易

股市传奇人物常常被人们与某几笔投资或交易联系在一起，约翰·邓普顿亦如此。他在1939年把握住时代的脉搏，大量投资美国股市。当时，他甚至打破了自己的一个基本原则——不借外债。

20世纪30年代末，美国经济尚未从大萧条中恢复，道琼斯工业平均指数在150点上下徘徊，远远低于1929年股市崩溃之前接近400点的峰值。当第二次世界大战在欧洲爆发时，邓普顿看到了机会并进行了投资。他确信，欧洲的战争将促进美国经济发展，从前效率低下的美国公司也会从中获益。毕竟美国还没有卷入战争，一直在给同盟国提供越来越多的物资。1939年9月，他向在芬纳－比恩公司工作时的上司迪克·普拉特借了1万美元用于投资，普拉特同意后，邓普顿委托股票经纪人购买所有交易价格低于1美元的美国公司的股票。

他最终购买了104家公司的仙股，普拉特警告他其中37家公司已经破产，邓普顿回答："这无所谓，无论是否破产都要买。"[34] 现实正如邓普顿预测的那样，经济趋势向好。仅仅一年后，他就偿还了所有债务。当他在接下来的几年间把这些仙股陆续卖出的时候，他投资的1万美元已经变成了4万美元，多么亮眼的投资收益！这104家公司中只有4家公司破产。[35]

约翰·邓普顿在回忆这次仙股交易的时候，半喜半忧，因为他过早卖掉了其中的一只股票："最好的一次交易是密苏里太平洋铁路公司价格为7美元的优先股。初次发行的时候，投资者必须为每只优先股支付 100 美元。但对于有可能破产的公司，我可以用 100 美元买 800 股。铁路公司的股票逐渐带来了很好的收益。当股票从 0.125 美元涨到 5 美元的时候，我很感恩，就卖掉了。但在 5 年内，这只股票涨到了 105 美元。"[36]

顺便提一句，就算仙股交易没有成功，邓普顿也有能力偿还他的债务。邓普顿夫妇的私人投资在这时已经超过了 3 万美元。[37]

在纽约和新泽西州恩格尔伍德做独立投资顾问
（1940—1968）

回到纽约后，邓普顿得知乔治·汤出于年龄原因想要出售他的小型投资咨询公司，该公司只有8个客户。邓普顿抓住了这个机会，以5 000美元的价格买下了这家公司，他将公司更名为汤－邓普顿－多布罗。两年后，该公司与万斯－蔡平公司合并为邓普顿－多布罗－万斯股份有限公司。

在经营公司的最初几年，这家年轻的公司盈利寥寥，所以邓普顿和朱迪思不得不靠家庭存款生活。不过这并不是什么问题，因为邓普顿夫妇的生活一贯很节俭：

我们在 1940 年找到一个租金为 50 美元的公寓，位于东街的一栋没有电梯的房子的 6 楼。我们给 5 个房间购置家具的预算只有 25 美元……最贵的家具是一张 5 美元的沙发床，质量非常好，我们用了 20 年。[38]

邓普顿在为自己的新公司购置办公用品时，也是能省则省。他以 20 美元的价格接手了前东家芬纳－比恩公司的大量藏书，芬纳－比恩公司当时正在与美林证券合并。他还以全价的 40% 购买了一批二手打字机。而此时，邓普顿夫妇的私人财富也增长到了惊人的 15 万美元。

在经历了两年的低谷后，公司的规模不断扩大，开始拥有稳定增长的收入。由于在洛克菲勒中心 RCA 大楼租用的办公空间太狭窄，邓普顿－多布罗－万斯股份有限公司搬到了新泽西州的恩格尔伍德。在那里租用的办公室有 200 平方米，虽远不如纽约的洛克菲勒中心有名气，但每年 2 000 美元的租金要便宜得多。[39]

邓普顿和朱迪思的家庭生活也很美满。1939年，他们的第一个孩子小邓普顿出生，两年后安妮·达德利出生，1946年，克里斯托弗·温斯顿出生。1944年，约翰·邓普顿在恩格尔伍德为自己和家人购买了一栋土地面积为300平方米的房子。这栋房子很便宜，购入价格5 000美元远远低于其实际价值。几年后，一家人搬到了更大的房子里，邓普顿以超过购入价3倍的价格将这栋房子卖了出去。[40]

然而，平静的生活终有被打破的时候。先是邓普顿的母亲韦拉·邓普顿于1950年秋天去世，之后不久，邓普顿夫妇在1951年春天去百慕大度假的时候，朱迪思在一次摩托车旅行中发生了意外，不久后在医院去世。邓普顿深受失去亲人的打击，他回到孩子们的身边，陷入绝望。

我有3个尚且年幼的孩子。我不知道如何

替代他们的母亲，但我必须努力尝试。我不能每天都陪在他们身边，因为我正处于创业阶段，还要工作、挣钱。所以我请我们家两个保姆中的罗西泽拉·罗姆米做孩子们的家庭教师。熬过最初的几个星期之后，我发现我能做的最好的事情就是重返工作，让事业占据我的头脑。专注于服务客户比为已经发生的事情忧虑要好得多。[41]

邓普顿还通过参加其他活动分散自己的注意力，消解对朱迪思的思念。他接受了普林斯顿神学院基金委员会的职位，还以实惠的价格在长岛的海湾上买了一幢避暑别墅，并加入了刚成立的"青年总裁组织"（YPO）。通过这个组织，邓普顿获得了宝贵的人脉，这对他的生活和事业都大有帮助。邓普顿重新专注于工作，于1954年11月在加拿大推出了邓普顿成长基金（TGF），该基金凭借其优异的长期业绩让邓普顿闻名于世。

约翰·邓普顿这个名字经常与他最著名的基金——邓普顿成长基金同时被提起，主要原因如下：

1. 该基金在约翰·邓普顿的管理下取得了长期的优异业绩。

2. 最初的 14 年里，与其他投资方式相比，该基金的业绩只是表现平平。然而，这种状况在 1968 年发生了改变，约翰·邓普顿在那一年移居巴哈马。远离华尔街的繁忙与喧嚣后，他能够专注于自己的核心业务，并大幅提升邓普顿成长基金的业绩。

3. 邓普顿成长基金属于首批投资于美国境外股票和债券的投资基金。邓普顿从 20 世纪 60 年代后期开始，大幅扩张了该基金的投资组合，越来越注重美国之外的国家（比如日本和韩国）的股票。

4. 1974 年以来，经过市场营销专家约翰·加尔布雷思的运作，邓普顿成长基金广为人知。

邓普顿成长基金成立于 1954 年 11 月 29 日，也就是约翰·邓普顿 42 岁生日当天，也许是特意选择的日期。由于税务原因，该基金是在加拿大注册成立的。"当时，在加拿大设立基金具有税务优势，所以我创办了加拿大邓普顿成长基金。它同时对美国和加拿大的投资者开放。"[42] 在最初的 14 年里，这只基金表现良好。交易量持续增加，取得了稳定的收益，但业绩并没有跑赢今天的全球股票指数（比如 MSCI 全球指数），虽然当时还没有这些指数。[43]

1968 年，约翰·邓普顿离开纽约和恩格尔伍德，移居巴哈马，继续管理邓普顿成长基金。邓普顿确信，海岛的宁静生活是邓普顿成长基金业绩表现明显提升的原因之一："我搬到莱福德岛之后，投资业绩有所提高，其中一个主要原因是，在纽约要管理和服务数百名客户，它们会占据大量时间，因此我没有足够的时间进行金融分析师所必需的学习和研究，而这正是上天赋予我才能的领域。现在在巴哈马，我有更多的时间去寻找最好的、价格低于实际价值的投资。"[44]

邓普顿改变了自己的投资策略，也找到了优质的投资。他不再局限于美国和加拿大，大大拓宽了搜索范围。在 1967 年致股东的信中，他提到自己将基金资产的 13% 投资于日本化妆品企业资生堂。此外，邓普顿成长基金当时还购买了飞利浦公司和荷兰皇家石油公司的股票，以及德国和日本的国债。1974 年，高达 62% 的基金资产都投资于日本股票，其中很大一部分投资于一家名叫住友信托的银行和轮胎制造商普利司通。此外，邓普顿成长基金还投资了日产公司的债券。[45]

除了全新的国际化投资策略，约翰·邓普顿在 20 世纪 70 年代越来越注重对邓普顿成长基金进行专业的市场营销。"我没有销售员，这是我最大的错误。"[46]1954 年，邓普顿成长基金以 700 万加元的资产启动，20 年后，其资产增长到了 1 300 万加元。曾经做过飞行员和会计师的约翰·加尔布雷思协助邓普顿找到了市场营销的解决方案。加尔布雷思通过强调邓普顿成长基金的优异表现来进行市场推广，他提高了分销商的佣金，并发起了一系列非常成功的公关活动，也包括让约翰·邓普顿参加路易斯·鲁凯泽主持的知名电视节目《华尔街一周》（*Wall Street Week*）。所有这些活动都让邓普顿成长基金更加广为人知，也更加成功。在短短 4 年内，基金资产增长到 1 亿加元，并在 1980 年突破了 4 亿加元。1985 年，邓普顿成长基金投资于来自四个大洲 21 个行业的 115 种证券。

1986 年，当邓普顿成长基金的资产增长到 24 亿加元时，加尔布雷思提议将基金进行拆分。加拿大邓普顿成长基金保留了该基金 42% 的资产，其余部分被转移到了新成立的美国邓普顿成长基金。1992 年，邓普顿 – 加尔布雷思 – 汉斯贝尔格公司以 4.4 亿美元的价格将邓普顿成长基金和其他基金卖给了加利福尼亚的投资公司富兰克林资源公司。[47]

在约翰·邓普顿管理的 38 年间，邓普顿成长基金的年收益率（包括留存收益）达到了 16%，以每年高达 3.7% 的增长速度战胜了全球指数，在如此长的时间内，这种增长速度是独一无二的。[48] 在具体数字上，这意味着："假如你在1954年，即邓普顿成长基金成立时，投资1万美元，到了1992年，也就是邓普顿把基金卖给富兰克林资源公司的时候，你的原始投资将增长到200多万美元。"[49]

1958年12月，邓普顿与艾琳·巴特勒结婚了。他们住在新泽西州恩格尔伍德的同一条街，原来只是互相认识，是邓普顿的小儿子克里斯托弗促使他们的关系变得密切起来。克里斯托弗与艾琳的儿子马尔科姆是好朋友，6岁的克里斯托弗在去艾琳家做客喝茶的时候问她："如果你打算再结一次婚，那么请考虑一下我的爸爸好吗？"[50] 两年后，艾琳的确这样做了，还带来了两个孩子温迪和马尔科姆。为了让这个重组的大家庭更好地相互了解，一家七口人带着三个表兄妹一起去欧洲旅行了8个星期。

1959 年，邓普顿和他的 7 个合伙人将投资公司卖给了皮埃蒙特公司，这是一家由理查森家族持有的保险公司。[51] 邓普顿保留了邓普顿成长基金，并继续管理了 33 年。卖掉公司后，邓普顿想把更多时间投入到宗教上。"我在早期职业生涯中一直在帮助人们解决个人财务问题，但帮助人们在精神上得到成长似乎更为重要。"[52]

邓普顿和艾琳考虑搬到什么地方安享退休生活，最终选择搬到巴哈马，他们在人口最多的主岛——新普罗维登斯岛上的度假地莱福德岛建造了一座南方风格的别墅。从莱福德岛到迈阿密仅需搭乘一个小时的飞机，所以当有业务需要时，他可以很快飞回美国。全家人在 1968 年移居巴哈马，邓普顿加入了英国国籍。

移居巴哈马莱福德岛

（1968—1992）

　　莱福德岛远离华尔街的繁忙与喧嚣，约翰·邓普顿除了在这里管理邓普顿成长基金，还专注于巴哈马居民的宗教与精神建设。他创立了一项精神教育计划，并出资为在巴哈马和在普林斯顿神学院读书的学生设立了公益奖学金，几年后他建立了巴哈马的第一所神学院。

　　他每周工作 60 个小时，其中一半的时间都用来管理邓普顿成长基金。"每当我从日常事务和电话中脱身的时候，我都会抓住机会，带上装满文件的公文包，去沙滩上的阴凉处坐坐。在那里，我可以专注于证券分析，或者阅读与宗教相关的资料。

我觉得那里是绝佳的办公场所，与家里和办公室相比，那里更能让人专心工作。"[53]

附记 | 宗教与赞助

约翰·邓普顿一生都是一个非常虔诚的人，他是基督教长老会的活跃成员，担任过各种荣誉职务。1972年，他捐赠100万美元创立了邓普顿宗教进步奖，颁发给在宗教和科学领域做出贡献的人。特蕾莎修女（1973）、弗雷尔·罗哲（1974）、亚历山大·索尔仁尼琴（1983）和德斯蒙德·图图（2013）都曾获得这一奖项。

1985年，邓普顿为他的母校牛津大学捐赠了500万美元，以促进商科教育的发展。这笔钱主要用于牛津大学管理研究中心，该中心后来更名为邓普顿学院。

1987年，他创立了约翰·邓普顿基金会和"邓普顿奖"，为宗教研究成果发放奖金。同年，邓普顿因其慷慨捐赠被英国女王伊丽莎白二世授予骑士勋章。

20 世纪 60 年代末，约翰·邓普顿越来越多地投资于北美以外的公司。他在海外投资的前提条件是，该国家要有一个民主且支持投资的政府。在邓普顿看来，要想在美国和加拿大以外的国家投资，需要首先了解以下问题：

> 你必须了解人们的生活态度，他们是社会主义者吗？他们崇尚节俭还是喜欢消费？他们对未来的期望是乐观的还是消极的？为什么？他们想努力工作吗？他们是否陷在严重的社会问题里？[54]

通过海外投资，邓普顿把投资的可能性扩大了许多倍。这是很有必要的一步，因为他喜欢买低价股，他的老师本杰明·格雷厄姆[55] 也是如此，但价格远低于其内在价值的投资目标在美国市场已经很难找到了。

你如果做了调查研究，就会发现，和投资单个国家股票、建立简单的多元化投资组合相比，投资于全世界的股票更有可能为你带来更高的长期收益，而且波动性更低。[56]

100 年前，在股票市场上做交易就如同赌博。人们随意预测公司和市场的走向，然后在证券交易所对这些预测进行下注（不幸的是，这种股票交易在今天依然屡见不鲜）。本杰明·格雷厄姆踏入了股市投资的领域，但罔顾事实的投机并不是他的专长，他想要创立一个体系以实现收益。格雷厄姆是第一个系统研究每家公司的专业投资者，他研究上市公司的资产，查看销售额和利润的历史发展情况，并以此为依据进行计算，从而得出公司的内在价值。如果当前的股价明显低于计算出来的内在价值，格雷厄姆就会买入这只股票。

为什么格雷厄姆只在当前股价明显低于计

算出来的内在价值时买入？首先，投资的目的是收益。在股价和内在价值之间，应该留有足够大的利润空间。其次，格雷厄姆是一个谨慎的投资者，他认为必须充分考虑安全边际。如果出现了突发危机，那么拥有安全边际的股票风险相对较低。

格雷厄姆彻底改变了股票市场，他撰写了有关证券分析的开创性著作，是有史以来最著名、最富有的投资人——沃伦·巴菲特的导师。他到底是一个怎样的人？本杰明·格雷厄姆于 1894 年 5 月 9 日出生于伦敦，是家里的第三个孩子，父亲艾萨克·格罗斯鲍姆和母亲多拉·格罗斯鲍姆是英国公民。由于第一次世界大战期间在美国蔓延的反德情绪，他将出生时的姓氏格罗斯鲍姆改为格雷厄姆。战争结束后，本杰明·格雷厄姆加入了美国国籍。大学毕业后，格雷厄姆在纽伯格－亨德森－劳伯经纪公司找到了工作，由于他之前没有接受过完整的证券从业培训，因此他的工作要从在公司各个部门打杂、帮忙、熟悉业务开始。格雷厄姆的证券职业生涯是从在纽伯格－亨德森－劳伯经纪公司的财务部门打杂开始的："我从在证券经纪公司打杂开始，到了退休的时候，成为一个大型投资基金的负责人之一和两家大公司的董事长。"

格雷厄姆热爱他的职业，并希望把知识传授给年轻人。因此，他还兼职在大学里授课。1927年秋天，格雷厄姆开始在哥伦比亚大学和纽约证券交易所学校（现在的纽约金融学院）授课。他教授的课程是证券分析，该课程非常受欢迎。因为听说实战专家格雷厄姆在课程中会给出被低估的股票的最新案例，所以，在课程开设的第二年，有更多的人前来上课。格雷厄姆如此评价自己在学生中的人气："我的课程因为这几个被低估的股票案例声名远扬，它能给所有上课的人带来不错的收入。"然而，20世纪30年代初的世界经济危机也给格雷厄姆带来了沉重的打击，因此，1932年年底，他开始了一项筹备已久的工作计划，以赚取额外收入。他和助理大卫·多德一起签署了一份出版合同，开始撰写一本有关价值投资的教科书。这本书就是《证券分析》，后来成为价值投资领域的经典之作。

一位年轻人深深地被这本书吸引了，他就是沃伦·巴菲特，现代历史上最成功的投资人之一。巴菲特曾前去拜访格雷厄姆，跟随他学习，之后在他的投资公司工作。学徒期结束后，巴菲特开始了独立的投资职业生涯，创立了投资公司伯克希尔－哈撒韦，该公司如今依然在运营。他的老师本杰明·格雷厄姆于 1976 年在法国去世，享年 82 岁。

20 世纪 70 年代初，约翰·邓普顿大量投资于日本股市。20 世纪 90 年代末，韩国取消对外国投资者的限制，韩国股票也因金融危机而变得便宜，邓普顿开始在韩国进行投资：

我认为韩国市场基本触底，我在投资人职业生涯中，总是尽量在市场最悲观的时候买入。在过去的几个月里，韩国市场的悲观情绪是非常真切的。[57]

沃伦·巴菲特[58]和约翰·邓普顿这两位传奇投资人之间有很多惊人的相似之处。二人都是格雷厄姆的学生[59]，也都选择在股票价格低于其内在价值时买入。"当我跟随著名的本杰明·格雷厄姆学习的时候，他教我看账面价值，并寻找那些股票价格低于净资产的公司。"[60]随着这些便宜的股票在美国市场变得稀缺，邓普顿越来越多地投资于海外股票。而巴菲特则着重投资那些在竞争中拥有护城河的公司，这种公司具备品牌壁垒、市场领导地位和规模效应等竞争优势。

邓普顿和巴菲特都在远离华尔街喧嚣的地方完成了他们最出色的交易。这两位股市传奇人物都长期持有股票，并非投机者或交易者。他们都非常重视深入研究，对待工作近乎狂热。在巴菲特创立的投资公司伯克希尔–哈撒韦的年度股东大会召开时，越来越多的人前往其位于内布拉斯加州奥马哈的总部。邓普顿公司的股东大会通常在多伦多举行，出席人数也在不断增加。1997 年有 7 000 多名股东参加大会，会议还以视频的形式在 5 个不同的分会场播放。[61]

这两位股市传奇人物即使到了晚年也依然亲自经营他们的投资业务。约翰·邓普顿和沃伦·巴菲特可以成为历史上赫赫有名的成功投资人，通过股市获得如此多的财富，并不是没有原因的。[62]

邓普顿成长基金发展史上的另外一个里程碑是市场营销专家约翰·加尔布雷思的加盟。加尔布雷思曾在理查森家族担任审计员，1959 年，理查森收购了邓普顿 – 多布罗 – 万斯股份有限公司。1974年，加尔布雷思去巴哈马拜访了邓普顿，提出他可以为邓普顿成长基金做市场营销，如果他的市场营销计划取得了成功，就可以收购邓普顿成长基金。随后，邓普顿问加尔布雷思是否带了泳裤，他们在大西洋游泳后，邓普顿提出另外一个方案，加尔布雷思在思考之后接受了。邓普顿说："有很多人想收购我的公司，但是我不想卖。为什么他们不能按照我的建议来我的公司工作，同时拿到 20% 的股份？"[63] 据说，加尔布雷思回家后有些失望地对妻子罗斯玛丽说："我原本想买整条面包，结果只买了半条。"然后他立即纠正自己："我以为是半条面包，其实是很多个三明治。"[64]

在加尔布雷思的建议下，邓普顿在 1978 年推出了另外一只基金——邓普顿世界基金。其他几只基金也在接下来的几年内陆续问世。1980 年，在加尔布雷思的安排下，邓普顿在著名电视节目《华尔街一周》里亮相。随后几年里，约翰·邓普顿曾 14 次在这个节目里担任嘉宾。这是多么轰动的一系列营销事件！通过在电视上露面，约翰·邓普顿向广大观众展现了一个卓越的股市专家的形象。这对他的基金来说是效果最佳、成本最低的广告，在之后的几年里，其基金的需求量持续增长。

新的基金成立后，约翰·邓普顿的工作量激增，他向在佛罗里达州劳德代尔堡做投资顾问的汤姆·汉斯贝尔格寻求支持。1985 年，他还聘用了出生在巴哈马的投资顾问马克·霍洛韦斯科。霍洛韦斯科自 1987 年起接手邓普顿成长基金的管理工作，约翰·邓普顿则逐渐退出了日常业务。[65]1986 年，邓普顿的公司与约翰·加尔布雷思的公司合并，成立了邓普顿-加尔布雷思-汉斯贝尔格有限责任公司。

退休后的晚年生活

（1992—2008）

从业 55 年后，约翰·邓普顿终于在 1992 年从股票投资和基金管理的职业生涯中退休了。他依然以个人身份继续投资于股票市场，此外还将精力投入到他创立的慈善机构中。邓普顿的第二任妻子艾琳于 1993 年去世，2008 年 7 月 8 日，约翰·邓普顿在巴哈马的拿骚去世，享年 95 岁。去世前，约翰·邓普顿的个人财富已经增长到 10 亿美元以上。[66]

第二部分

**约翰·邓普顿的
投资业绩**

约翰·邓普顿的成功故事与他的旗舰产品邓普顿成长基金密不可分。没有一个投资者能够在38年的时间里如此成功地持续管理一只基金。在邓普顿管理邓普顿成长基金的时间里，该基金的年平均增长率为15.36%，这样的出色业绩迄今为止无人能及，预计未来也很难被超越。表1是邓普顿成长基金在1954—1987年的业绩表现情况。

表1　邓普顿成长基金的业绩表现（1954—1987）

年份	年化收益率（%）	在邓普顿成长基金投资1万美元的最终收益（美元）	在美国股市投资1万美元的最终收益（美元）
1954		9 296	9 700

年份	年化收益率（%）	在邓普顿成长基金投资1万美元的最终收益（美元）	在美国股市投资1万美元的最终收益（美元）
1955	-7.04	9 950	12 765
1956	4.64	10 412	13 607
1957	-16.91	8 651	12 138
1958	48.80	12 873	17 405
1959	14.00	14 675	19 494
1960	13.84	16 706	19 592
1961	18.29	19 762	24 862
1962	-13.52	17 091	22 699
1963	5.14	17 969	27 874
1964	28.58	23 105	32 474
1965	22.15	28 222	36 533
1966	-5.30	26 726	32 843
1967	13.74	30 398	40 726
1968	37.76	41 875	45 246
1969	19.67	50 111	41 400
1970	-6.44	46 884	43 056
1971	21.93	57 164	49 213
1972	68.56	96 354	58 564
1973	-9.92	86 793	49 955
1974	-12.07	76 318	36 717

年份	年化收益率（%）	在邓普顿成长基金投资1万美元的最终收益（美元）	在美国股市投资1万美元的最终收益（美元）
1975	37.59	105 004	50 367
1976	46.74	154 083	62 365
1977	20.38	185 478	57 875
1978	19.21	221 105	61 695
1979	26.84	280 448	73 047
1980	25.89	353 049	96 714
1981	-0.24	352 201	91 975
1982	10.81	390 265	111 658
1983	32.91	518 687	136 781
1984	2.17	529 935	145 398
1985	27.78	677 177	192 216
1986	21.24	820 982	227 776
1987*	28.28	1 053 180	299 730

* 注：截至1987年7月31日。[67]

备注：除了邓普顿成长基金，约翰·邓普顿还推出了其他基金，比如邓普顿世界基金（1978）和邓普顿全球基金（1981），这些基金的表现甚至一度超过邓普顿成长基金。[68]

第二部分　约翰·邓普顿的投资业绩

约翰·邓普顿的
独到之处

世界对于邓普顿来说不仅是牡蛎，更是一种使命。在金融领域，他 57 年来一直鞭策美国人将投资视野拓展至海外市场。在精神领域，他创办的"邓普顿宗教进步奖"至今已 25 年，它是世界上金额最高的年度慈善奖金。

——路易斯·鲁凯泽，1998 年 1 月[69]

约翰·邓普顿是华尔街真正的英雄。[70]

用一个词来形容邓普顿的长期业绩，那就是无与伦比。[71]

约翰·邓普顿在 1937—1992 年从事投资顾问和基金经理工作，职业生涯长达 55 年。即使在著名的股市传奇人物中，这也是一段惊人的漫长岁月。只有查理·芒格和沃伦·巴菲特等极少数人在这个压力极大的行业中坚持了更长的时间。这些人并非刚刚身处这个行业就被视为传奇人物，他们之所以被称作"传奇投资人"是因为他们的成功。

邓普顿打破了许多纪录。他通过个人投资和商业交易成为亿万富翁。只有极少数投资人能够取得这样的成就。更重要的是，约翰·邓普顿管理的邓普顿成长基金在 38 年间取得了 16% 的年平均收益率，以平均每年 3.7% 的幅度超过了世界指数。有些基金经理在相对较短的时间内取得了更好的收益，比如彼得·林奇达到了 29.2% 的年平均收益率，然而"仅仅"持续了 13 年 [72]，邓普顿仍然是长期收益率的纪录保持者。

当邓普顿于 1954 年推出邓普顿成长基金时，投资基金并未普及，因此，邓普顿完全担得起"投资基金先行者"这个称号。

邓普顿也是名副其实的"全球投资之父"。他是最早进行跨国投资的基金经理，早在 20 世纪 50 年代，他就投资于欧洲的股票和债券。20 世纪 50 年代末，他开始在亚太地区投资。1969 年起，他越来越多地购买日本股票。[73]

当韩国在国际货币基金组织的压力下向国际投资者开放其金融市场的时候，约翰·邓普顿开始在韩国搜寻价格有上涨潜力的投资目标。韩国于 20 世纪 90 年代末陷入了严重的金融危机，不得不在 1997 年年底求助于国际货币基金组织。尽管当时韩国经济处于低迷状态，但和日本一样，韩国拥有高储蓄率和勤奋的国民。这些因素促使约翰·邓普顿在退休后依然将个人资产投资于韩国。

1998 年，邓普顿没有直接投资韩国股票，而是购买了专门投资韩国证券的马修斯韩国基金的基金份额。韩国经济复苏后，韩国基金投资金额在短短两年内上涨了 267%。2004 年年底，邓普顿还直接投资于一家韩国公司，以 5 000 万美元购买了韩国汽车制造商起亚公司的股票，该公司的股价在一年后上涨了 174%。[74]

第三部分

约翰·邓普顿的
投资策略

当邓普顿被问到是否按照某种规则或者模板来选股时，他回答："不，没有固定的标准……我们一直在更新自己使用的工作方法。"[75] 尽管他不能提供一个固定的标准，但是约翰·邓普顿的团队在选股和投资时有一套系统的方法。我们为你总结了邓普顿投资策略中最重要的原则。

约翰·邓普顿投资成功的 16 条原则

1993 年，约翰·邓普顿在杂志《世界观察：基督教科学箴言报月刊》上发表了一篇文章，介绍了他的 16 条投资原则。[76] 其中几条原则在如今看来虽有些过时，但依旧是成功投资的最佳指南。

1. 投资的目的是最大化净收益

任何投资策略，如果不能认识到税收与通货膨胀的潜在影响，就不能理解投资环境的真正特性，因此投资业绩会受到严重限制。[77]

长期投资的目标是获得尽可能高的经通货膨胀调整后的净收益，因此邓普顿建议投资者在投资（比如股票、固定利率债券或房地产）之前，一定要考虑相关交易成本（经纪人费用、基金费用、投资账户费用等）、投资收益的税金和通货膨胀。

实践建议 | 注意附加费用

投资决策的基准始终应当是净收益。在投资之前，请务必调查清楚可能产生的后续成本，如各种费用、汇率风险、税收等，在做决策时请考虑这些因素。

2. 投资并非交易或投机

股市不是赌场，但是，如果只要股票浮动一两个百分点，你就买入或卖出，或者你一直做空，或者只做期权或期货交易，那么股市就是你的赌场。就像大多数赌徒一样，你总会有输的时候，甚至经常输。[78]

在邓普顿看来，频繁的股票交易、做空、期货或期权交易都无异于赌博。这些交易涉及高额费用、佣金、资本利得税，而且投机者或交易者往往处于高度紧张的心理状态。长期持有的投资者则更有把握，更有耐心，不那么情绪化，最终投资业绩也会更好。

实践建议｜避免赌博

邓普顿在他的一生中，与其他传奇投资人一样，主张长期持有股票。他的单只股票平均持有时长为 4~5 年。[79] 因此，邓普顿并不属于短期交易员或投机者。他将更多的时间投入细致的股票研究中，并不会急于追随股市的短期趋势。

3. 对所有投资方式保持灵活和开放的心态

事实上，没有一种永远最好的投资。[80]

投资者应当考虑所有的投资方式，正如邓普顿所说："有的时候，你必须买入蓝筹股、周期性股票、公司债券、政府债券等。而有些时候，你必须持有现金，只有这样，你才有机会抓住投资契机。"[81]

实践建议 | 统揽全局并保持灵活

从长期来看，股票肯定是收益最高的投资方式，邓普顿也这样说过："我们的研究表明，股票对投资者来说通常是最佳的长期投资类别。"[82] 然而，这并不意味着其他投资方式在所有时期都比股票逊色。因此，投资者要留意房地产、公司债券、政府债券和隔夜贷款等其他投资类别的表现，必要时也要在这些领域投资。

4. 逆向投资

证券分析的伟大开创者本杰明·格雷厄姆说："在包括专家在内的大多数人悲观的时候买入，在他们乐观的时候卖出。"[83]

不要随大溜。要避开那些所有人都在买的股票。邓普顿鼓励投资者逆流而上，他曾说过："成功的'逆向'投资需要耐心、自律与勇气：在别人绝望地卖出时买入，在别人急于买入时卖出。根据我半个世纪的投资经验，我确定这样你可以在旅程的终点获得回报。"[84]

实践建议 | 要有逆流而上的勇气

如果你想跟随邓普顿的脚步，那么在市场萧条（股价下跌）阶段，你应该买入股票；当市场景气（股价上涨）时，你应该考虑售出哪些股票，把高额利润转化为现金。只有拿到手的利润才是真正的利润。

---

5. 在优质股中寻找低价股

评价一只股票的质量就像给一家餐厅打分。你不会指望它十全十美，但在给它打三星或四星之前，你希望它能高于平均水平。[85]

你一旦找到了一些基本面良好的股票，就可以从中挑选具备优秀特质的股票，选择的标准有：

- 在成长型市场中处于领导地位；
- 在创新市场中具备技术优势；
- 管理团队经验丰富，业绩记录良好；
- 在新市场中具备良好的财务状况；
- 拥有强大成熟的品牌；
- 生产成本较低。

6. 不要跟随市场趋势或者经济预测

很多投资者都专注于市场表现或经济前景，但单只股票既能在熊市里上涨，又能在牛市中下跌。[86]

购买股票时，不要受到市场趋势或者经济预测的影响。例如，区块链技术被认为在未来拥有巨大市场，受到人们追捧，但是，按照邓普顿的观点，这并不是购买区块链公司股票的理由。

邓普顿提倡自下而上的方法论，这意味着潜心分析公司及其股票，不追随整体经济趋势和市场预测。"我们从来不会问哪个国家、哪个行业或者哪种货币能带来最佳价值。我们只是在几千家公司中搜索，试图寻找那些价值被严重低估的公司。一名投资者并不能购买某个国家或某个行业，却可以购买一只经过精挑细选的股票。"[87]

实践建议｜分析公司，不要追逐趋势

不要根据任何趋势或预测来选择股票，而是要研究、分析单只股票。首先要看你感兴趣的这家公司的财务数据是否表现良好。如果财务表现不错，那么身处成长型市场也是一个利好因素。

"我们买入某只股票并非因为感觉它不错，而是因为我们算过账，认为它比其他股票更有前景。"[88]

"请记住，我们在寻找质优价廉的投资目标，我们只有在确定它被低估的时候才会买入。"[89]

"当我买入股票的价格远远低于其内在价值的时候，我的投资总是最成功的。"[90]

邓普顿就是这样一个最厉害的寻找低价投资目标的人，正如他的侄孙女劳伦·邓普顿在《邓普顿教你逆向投资》一书中反复强调的那样。作为价值投资之父本杰明·格雷厄姆的学生[91]，约翰·邓普顿在对股票进行估值的时候，会仔细审查下面的财务指标和基本面数据。

内在价值

在基本面分析中，如果一只股票的内在价值高于当前股价，该股票就是便宜的。

内在价值 = （股本 + 隐藏储备金）/ 股票数量

决策标准：如果内在价值（明显）高于股

价，该股票就是便宜的，因此应当低价买入。

市盈率

在市盈率的帮助下，你可以辨别一只股票是否被低估。计算一家公司的市盈率，要用当前股票价格除以每股收益。

市盈率 = 每股股价 / 每股收益

决策标准：市盈率越低，股票越便宜。

就算对比同一个行业，各国股票的平均市盈率也会有很大差异，表2展示了几个不同国家代表性指数的平均市盈率情况。

表2　目前几个不同国家代表性指数的平均市盈率

国家	指数	平均市盈率（整数）
德国	DAX 股票指数	14
英国	富时 100 指数	14
瑞士	瑞士市场指数	14
奥地利	ATX 指数	14
美国	道琼斯工业平均指数	19
美国	纳斯达克指数	20
美国	标准普尔 500 指数	20
日本	日经 225 指数	15

席勒市盈率

席勒市盈率是由诺贝尔奖获得者罗伯特·席勒提出的一种观察期限长达 10 年的市盈率。席勒市盈率的计算方法是，用当前股票价格除以过去 10 年间公司经通货膨胀调整的平均每股收益。作为基本面指标，席勒市盈率的优势在于，个别年份受到的短期特殊影响会被抵消。

席勒市盈率 = 每股股价 / 过去 10 年间经通货膨胀调整的平均每股收益

市净率

另外一个能反映公司资产价值的财务指标是市净率，即每股股价与每股账面价值的比率。

市净率 = 每股股价 / 每股账面价值

决策标准：市净率越低，股票越便宜。如果市净率小于 1，那么可以考虑低价买入（若该公司出现亏损，并危及股本，则该决策标准不适用）。

市现率

市现率是一个反映公司流动资金的财务指标。通过现金流数据可以看出，在该季度或该财务年度，有多少流动资金进入公司账户。

市现率 = 每股股价 / 每股现金流

决策标准：市现率越低，股票就越便宜。

市销率

市销率尤其适用于评估那些因亏损而不适合使用市盈率评估的公司。同时，对于具有显著周期性的股票，比如工业企业、批发商、原材料生产商的股票，市销率也是常用的评估指标。

市销率 = 每股股价 / 每股销售额

决策标准：市销率越低，与同行业的其他股票相比，该股票就越便宜。

股息率

股息率是一个将股份公司的股息与股票价格联系起来的财务指标。

股息率 = 每股股息 / 每股股价 × 100%

决策标准：德国 DAX 股票指数的股票平均股息率为 0～5%，如果一只股票的股息率超过 3%，就可以买入。

实践建议 | 用互联网上的数据计算财务指标

你可以使用上面提到的公式来轻松计算出上述财务指标。所需数据可以在公司年报中找到，股份公司都会在其网站（通常在"投资者关系"或类似的栏目）发布年报。

重要提示：财务指标是评估股票的重要工具。千万不要只依据一个表现优秀的财务指标就决定买入，要了解该公司所有重要的财务指标。

你需要对想购买股票的公司有整体了解。"你必须知道这家公司是如何运作的，如何刺激销售，在维持利润方面面临何种压力，随着时间的推移业绩有何变化，公司在竞争中是如何应对的。"[92] 这些关于公司整体情况的信息可以在商业媒体、公司年报和网络上找到。

7. 分散投资：和其他领域一样，股票和债券的安全性源于多元化

> 唯一不需要分散投资的投资者是那些100% 正确的人。[93]

邓普顿并没有把所有鸡蛋都放在同一个篮子里。他是多元化投资的提倡者，邓普顿成长基金的投资组合有时囊括了 200 多个投资项目。从表 3 可以看出，邓普顿成长基金投资组合的大部分都由股票组成，也包含政府和公司债券。

对约翰·邓普顿来说，多元化投资不仅仅指投资于不同的资产类别或不同的行业，他早在 20 世纪 60 年代就通过购买海外股票来分散风险。"我们在寻找那些收益丰厚的低价股票时，并没有局限于一个国家，比如加拿大，这件事其实没什么大不了的……我们 40 年来一直坚持在全世界范围内寻找合适的股票。"[94]

约翰·邓普顿是多元化投资理论的提倡者，该理论指出，投资者可以通过持有不同行业的多种股票来降低风险。邓普顿属于最早将多元化投资理论扩展到海外市场的基金经理（参见表3），你如果想效仿邓普顿的做法，就应当投资于不同行业的多种股票。此外，也要确保投资账户里有一些有前景的海外证券（股票或基金）。

表3　邓普顿成长基金（TGF）与全球股票指数的权重比较 [95]

TGF 投资组合中的股票份额（%）	79	100	97	63	75	88	85	94	80
TGF（%）									
国家或地区	**年份**								
	1955	1959	1964	1969	1974	1979	1984	1989	1994
北美	66	69	51	16	26	76	65	55	36
南美	0	0	0	0	0	0	0	0	3
欧洲	12	29	43	26	5	4	12	24	28
亚太地区	0	2	3	4	0	3	4	15	12
日本	0	0	0	18	44	5	4	0	1

全球股票指数（%）								
国家 或地区	年份								
	1955	1959	1964	1969	1974	1979	1984	1989	1994
北美	76	78	77	77	61	54	57	35	39
南美	0	0	0	0	0	0	0	0	0
欧洲	21	18	19	18	24	26	18	24	27
亚太地区	1	1	2	2	2	4	3	3	6
日本	1	2	2	3	12	15	21	40	28

8. 自己完成研究工作，或者从专家那里寻求帮助

成功的投资与直觉或创造力没有关系，它是勤奋工作、常识与开放性思维的结合。[96]

成功的投资要求投资者进行大量的研究工作，这比大多数人想象的更难。[97]

要想成功投资，必须做好投入大量时间的准备。邓普顿在担任投资顾问和基金经理期间，每天工作 12 个小时，每周工作 6 天。[98] 即使只想投入

少量资金，你也应当投入足够多的时间。你需要了解各种投资方式，谨慎做出投资选择。你如果不能或不想在自己的投资上投入足够的时间，就请经验丰富的专业人士帮忙吧。

实践建议 | **在投资时寻求帮助**

你如果没有足够的时间来研究哪些股票有前景，就请"明智的专家帮忙"。邓普顿也是这样建议的。可以联系你开户银行的投资顾问（如果他们具备投资顾问资质），请他们提出建议。可以在网络上搜索那些表现良好的投资基金，这些基金由经验丰富的基金经理管理，通常会带来稳定的收益。高质量的证券信息服务商和证券类图书也能帮助你。

9. 定期检查你的投资组合

要对变化有预期，并做出反应。[99]

你如果决定进行一项投资，就应当对其保持持久的关注，因为"没有一只股票是你买入之后就可以忘掉不管的。变化的速度太快了"。[100] 邓普顿会定期分析他的投资组合，并让他的员工随时监测。他总结出了一个简单的理论："当一只股票按照基本面分析被低估 50% 的时候，你就可以用这只股票来替换自己已经持有的股票了。"[101]

实践建议｜定期检查

为自己安排检查频率，比如每 6 个月一次，仔细查看投资组合的走势。也要定期检查每只股票的业绩表现，查阅各家公司的半年度报告。如果业绩低于平均水平，或者半年度的数据不理想，你就可以用在此期间给你印象良好、前景更佳（基本面数据和半年度业绩更好）的股票来替换相应股票。

10. 不要恐慌

我坚信最好的买入时机会出现在看起来最糟糕的时候。[102]

任何一个稳健的长期投资方案都需要耐心和毅力。在超过 20 年的时间里，期待投资方案让资金翻倍并不过分。[103]

股票市场的特点是熊市和牛市不断交替。因此，主张逆向投资的邓普顿建议："如果悲观情绪达到最高点，就到了买入的时机；如果乐观情绪到了最高点，就最好卖出。"[104] 他也建议在股市暴跌，甚至跌幅达到两位数的时候保持冷静，不要恐慌地抛售，而是应该分析在暴跌期间其他公司的优质股票是否变得更加便宜。如果在研究中有所发现，就可以卖出一些正在持有的股票，买入便宜的股票。"如果没找到更有吸引力的股票，就坚持持有你手中的股票。"[105] 邓普顿如此建议道。

实践建议 | 在动荡时期保持冷静

股票市场的特点就是会经历大起大落、牛市和熊市、繁荣与萧条。可以肯定的是，市场在萧条之后会迎来新一轮繁荣。从历史上看，各大指数都是在波浪式运动中发展的。好的方面是：长期来看，波浪只有一个方向，就是向上！股市下跌，并不意味着你要恐慌地卖出股票。如果该公司的基本面数据和公众形象依然向好，就没有理由卖出。相反，你应该利用熊市的时机来购入优质公司的新股票。

---

11. 从错误中学习

把每一个错误都转化为学习经验。仔细找出犯错的原因，并思考如何避免在将来犯相同的错误。[106]

众所周知，人会犯错。犯错的艺术是从自己的错误中学习，不要再重复这些错误。约翰·邓普顿这样的传奇投资人也有类似的经验：在颇具传奇色彩的仙股交易中，他以12.5美分的价格购买了密苏里太平洋铁路公司的优先股，后来以5美元的价格卖出。邓普顿在这只股票上得到了40倍的投资收益，用股市的术语来说，这种股票是40倍股。但是，该股票后来的走势证明了这次出售是个错误。如果邓普顿在几年之后卖掉密苏里太平洋铁路公司的股票，40倍股就会变成840倍股。[107]

实践建议 | 认识错误并避免错误

如果一家公司的股票走势与你所预期的不一样，就分析一下出现偏差的原因，把这些原因总结到一张错误列表里。下次购买股票的时候，确保自己不会再犯列表中的错误。同样，当股票达到你之前设定的短期目标时，不要立刻卖出。这种套现也有可能出错。在卖出之前，你要思考是否会发生能够提升该股票内在价值的事件。如果答案是否定的，就卖掉；如果内在价值有可能提升，就可以继续持仓。

12. 从祷告开始

如果你从祷告开始，思路就会更清晰，犯错就会更少。[108]

每次开会，无论是董事会还是股东会议，约翰·邓普顿都会从祷告开始。"每次以祷告开始会议，会议都会更有成果，更有效率，做出的决定能够帮助所涉及的人。以祷告开始会议，争议也会减少。或者，就像我经常说的，祷告可以帮助人们更清晰地思考问题。"

邓普顿是一个非常虔诚的人。对他来说，在做出重大决定或者面对重大事件之前，祷告可以使内心平静，也能使他获得精神支持。祷告可以为所有有宗教信仰的人提供精神支持，无论这些人属于何种教派。即使没有宗教信仰，在做出重要决定之前进行短暂的思考与内省，也能获得必要的内心平静。

13. 跑赢市场是一项艰巨的任务

任何一家投资公司，如果总能跑赢市场，它就比你想象的优秀得多。如果这家公司不仅总能跑赢市场，有时还能大幅超越市场，它的工作就很出色。[109]

跑赢市场，比如标准普尔 500 指数或者德国 DAX 股票指数，对于基金经理来说并非易事。这主要因为，与指数不同，他们必须支付交易费用，这大大拉低了他们的净业绩。这些费用成本包括买入和卖出股票的手续费、行政和管理费用等。

有效市场假说的代表人物，比如诺贝尔经济学奖获得者尤金·法玛，甚至认为跑赢市场从根本上说是不可能的。然而在实践中，很多投资界传奇人物，如沃伦·巴菲特、彼得·林奇和约翰·邓普顿，都证明了指数或市场确实可以在较长时间内被击败。由此，他们反驳了以完美市场为前提的有效市场假说。

实践建议 | 设定现实的目标

如果你的投资表现优于市场，那么这的确是巨大的成功。但是只有少数投资人能够长期保持这样的成绩，因此，你应当设定更合理的目标。例如，你的目标可以是通过投资股票来跑赢其他投资方式。此时你的比较对象可以是隔夜贷款的平均利率或政府债券的收益率。

---

14. 一个拥有全部答案的投资者甚至不了解所有问题

聪明的投资者明白这一点，成功是一个不断给新问题寻找答案的过程。[110]

当我在本杰明·格雷厄姆门下学习的时候，他教我看账面价值，寻找那些在股市中交易价格低于其净流动资产的公司。我用了这个方法，但它如今已经不适用了，比如在美国。因为你不会找到交易价格低于净流动资产的公司了。本杰明是一个非常聪明的人，掌握很优秀的方法。但如果他今天还活着，那么他会做出一些不一样的事情，也会依靠一些更新颖、更多样化的理念。[111]

格雷厄姆、巴菲特、芒格和邓普顿等股市传奇人物其实也是普通人。他们并非完美，也会犯错。他们明白这一点，也经常公开承认。像邓普顿这样聪明的投资者明白，投资的宇宙是不断变化的，在新的情况下需要采用与从前不同的应对方式。"当某个行业或者某一类型的证券受到投资者追捧时，事实往往会证明这种追捧是暂时的，许多年内都不会再出现。"[112]

实践建议｜保持灵活

优秀的投资者会在投资生涯中保持开放的心态。请对新行业和新鲜事物保持开放的思维，并分析这些领域未来的增长潜力。你如果已经把目标定位于一个非常有前途的行业，就可以对这个行业板块里的公司进行基本面分析，然后投资。

同时，你也要灵活对待投资类型。历史上也有一些时期，股票并不能带来最好的收益。投资于房地产、国债和公司债券也有可能获得不错的收益。

15. 天下没有免费的午餐

股市中没有什么东西是免费的。你应当只投资那些用基本面分析的财务指标仔细研究过的公司。股市与实际生活一样，一分耕耘，一分收获。

实践建议	投资时不要跟着感觉走或听信美好的建议

在股市，没有通往成功的捷径。选择股票的时候不能依靠感觉，比如，不要因为你第一台车的品牌是大众甲壳虫，就购买大众汽车的股票。另外，不要听信传闻，不要追随股市里的趋势，不要买任何从小道消息中听来的股票，也就是传说中会大涨的股票。

16. 不要总是焦虑消极

从长远来看，我们的研究表明，股票会上涨……继续上涨……继续上涨……还会再涨。[113]

约翰·邓普顿在他 16 条投资原则的最后一条中，建议投资者们以乐观的态度思考和行动。他始终相信，美好的未来在等着我们。他列举的理由有世界各地经济的联系日渐紧密、全球通信技术的进步等。

实践建议｜保持乐观

你要带着健康乐观的态度去生活，这会让生活和投资都更加轻松愉快。胆小的人甚至不敢投资股票，他们的想法是"如果股市跌了，我的钱就全没了"或者"股票对我来说风险太大"。你可以从稳健型股票（比如蓝筹股）的小额投资开始，静观其变。

清单

**约翰·邓普顿的
10 大投资策略**

最后，我们想把约翰·邓普顿的投资策略为你总结成一张清单。你在投资时可以将这份清单作为指南，帮你系统化决策过程，同时避免错误。

1. 投资的目的是净收益最大化。因此，你应当只投资于有前景的股票，不要忘记与投资相关的成本与风险，比如托管费、税费、汇率风险、通货膨胀。

2. 投入时间，系统分析有潜力的股票。"一分耕耘，一分收获"这句谚语也适用于投资。

3. 逆流而上。这是让收益超过股市平均水平的唯一途径：在最悲观的时候买入，在最乐观的时候卖出。

4. 不要受到经济预测和市场趋势的影响。在选股时，采用自下而上的方法，分析公司的经营情况。基本面数据表现如何？除了基本面数据，该公司还有哪些不错的品质（如品牌知名度高、管理业绩优异等）？

5. 多元化投资。不要把钱放在同一只股票上，而是要投资在不同行业的多只股票上。

6. 选股时，还可以考虑海外股票。需要特别注意的是，你要选择政治稳定、不存在高货币风险的国家的股票。同时还要考虑税收问题：你选择的国家是否有双重课税协定，从而可以让你避免过高的税务（预扣所得税可退款或抵扣）？

7. 一旦决定购买一只股票，就不要很快卖掉。要有耐心！

8. 只有找到了更好的低价股票，你才可以卖出已有的股票。

9. 灵活应变。不要只投资于股票，还要密切关注其他投资机会，也可以选择房地产、国债、隔夜贷款或其他能产生更高收益率的投资方式。

10. 对选股方式要同样保持开放的态度。除了基本面数据，你还应当考虑上文提到的质量标准，必要时要采用技术分析来做投资决策。

术语表

股票

以书面确认的形式证明股份公司股份的有价证券。股票的持有者（股东）是股份公司的出资人。股份公司通过向股东出售股票来筹集资金。

股票基金

由基金经理管理的专项资金，投资于各种股票（投资组合）。股票基金中的股票在资本市场上进行交易。除了股票基金，还有房地产基金、养老基金和混合基金。

股份公司

一种具有独立法人资格的商业公司。股份公司将其股本划分成股票。上市股份公司可以在证券交易所登记其股票并出售或回购。

股票指数

体现一个股票市场或者一组股票价格走势的参数。著名的德国 DAX 股票指数展示了德国 30 家最大的股份公司（蓝筹股）的股票价格走势，诞生于 1988 年 7 月 1 日。德国其他股票指数还有 MDAX、SDAX 和 TechDAX。其他著名的股票指数还有美国的道琼斯工业平均指数和标准普尔 500 指数，日本的东京证券交易所日经指数，其中，东京证券交易所日经指数追踪日本 225 家最重要的公司的股票价格走势。

股票期权

在期货交易所交易的股票合同约定权利。股票期权有固定期限。买入期权（看涨期权）和卖出期权（看跌期权）之间存在区别。买入期权约定在期权期限内以特定的价格（行权价）购买特定数量股票的权利。卖出期权与之相反，用于以较少的资本投资来在下跌的市场中获利。卖出期权可用于对冲股票投资组合的价格下跌。

股票回购

股份公司购买自身发行的股票。股票回购会增加每股股票的价值，因为股份公司的股本被分配到更少的股票上，对所有股东都是有利的。股票回购可以给企业收购增加难度，或者实现员工分红。

股票分割

在股票分割中，公司发行的股票数量成倍增加，股票的票面价格降低。股票分割经常被用来控制价格上涨过高的股票，让小投资者能够负担得起。例如，2010年，伯克希尔－哈撒韦公司对 B 股进行了股票分割，分割比例为 1：50，因为 B 股已经涨到了每股 3 000

术语表

多美元。之前在投资账户中持有 10 股 B 股，每股股价为 3 500 美元的股东，在分割后拥有 500 股 B 股，每股股价为 70 美元。股票分割必须在股东大会上决定。与股票分割相反的是反向股票分割。

反向股票分割

公司减少已发行的股票数量，提高股票的票面价格。反向股票分割的效果是，该股票的每股股价会根据分割情况成比例上涨。如果股票的交易价格过低（如仙股），公司就会考虑反向股票分割。2013 年，德国商业银行将股份以 10∶1 的比例进行了反向股票分割，当时该股票价格已跌至 1.044 欧元。如果有人在反向股票分割前持有 10 股德国商业银行的股票，每股股价为 1.044 欧元，那么在反向股票分割之后，他只拥有 1 股德国商业银行的股票，每股股价为 10.44 欧元。与反向股票分割相反的是股票分割。

债券

一种具有固定期限的有价证券，收益方式通常为固定收益。发行债券的目的在于筹集外部资本。在债券期限结束时，债券发行机构将按照债券的面值偿还资金，利息通常每年支付一次。发行债券的主体可以是公司、各级政府、银行等。

债券基金

主要投资于债券的投资基金。当利率下降时，投资债券基金可获得丰厚收益。

套利交易

一种利用时间和（或）空间方面的价格差异获取收益的交易形式。比如，如果同一只股票在多家证券交易所的价格不同，那么投资者可以在价格较便宜的证券交易所购买，然后立即在价格较高的证券交易所出售。然而，随着在线交易的普及以及市场透明度的不断提高，套利交易在证券交易中的意义已经越来越小。

申购费

购买证券时所需的手续费。

熊市

行情长期下跌的阶段，也称空头市场。

资产负债表

在企业管理中，资产负债表体现了企业在特定时间点的资产状况。资产负债表中的资产栏提供了资金使用的信息，负债栏则记录了资金的来源。

蓝筹股

经营业绩好的大型股份公司的股票。

证券交易所

股票、证券、期货（或其他金融商品）交易的场所。国际上知名的证券交易所有纽约证券交易所、伦敦证券交易所和东京证券交易所等。

自下而上策略

一种从具体到抽象、从局部到整体、从微观到宏观的分析方法。在投资领域，自下而上策略的倡导者主张研究具体的公司及其股票，在做投资决策时不受宏观经济趋势与市场预测的影响。约翰·邓普顿就是自下而上策略的代表人物。

行业基金

投资于某一个特定行业（如石油行业、汽车行业、消费品行业）的基金。

经纪人

指为客户购买和出售股票的人，以及为客户管理证券并执行相应订单的存款银行，通过电话、传真或互联网接受和处理客户订单的直销银行等金融机构。

账面价值

公司资产负债表上的一种财务指标。从数学角度来看，账面价值是公司总资产与总负债之间的差额。

沃伦·巴菲特

生于 1930 年 8 月 30 日，美国经济学家、价值投资者、亿万富翁。他是伯克希尔–哈撒韦投资公司的创始人，该公司发行的 A 股是目前为止世界上最昂贵的上市公司股票。

牛市

行情持续上涨的阶段，也称多头市场。

现金流

衡量一家公司流动性的指标，是公司在一定时期内收入与支出的差额。

图表分析

也称技术分析，指的是借助股票历史与当下的价格走势对其未来走势与发展情况进行评估和推断。

逆向投资者

指不循规蹈矩，不人云亦云，逆流而上、逆周期投资的人。约翰·邓普顿就是一名逆向投资者，他建议在别人卖出时买入，在别人买入时卖出。

账户

存放股票、基金、权证等有价证券的托管账户。账户由银行和金融服务机构进行管理。

德国 DAX 股票指数

由 30 只业绩优异的德国股票组成，是德国股市发展的引领性指数。德国 DAX 股票指数是一个业绩指数，资本和股息的变化都包含在该指数的计算中。该指数的 30 位成员股票会定期接受审核并在必要时进行更正。

多元化

一种投资方法。为了降低亏损风险，投资者可在不同的股票或资产类别（股票、债券、基金）之间分配可用资金，并确保这些投资不会在不同的证券交易市场上以相同的方式做出反应。然而，沃伦·巴菲特一再强调不要过度多元化，因为这种多元化的方法同样会稀释业绩。

股息

股份公司在股东大会上做出的利润分配决议。就德国股份公司而言，这些被分配的利润通常会在股东大会召开之后的第三个工作日支付给股东。在德国，股息通常每年支付一次。在美国，股息通常每年支付 4 次。除此之外，股息支付还有一个很重要的因素是股权登记日，即股东必须在某一特定日期或该日期之前在自己的账户中持有该公司的股票。

股息收益率

一种财务指标，体现股份公司的股息与股价之间的关系。目前德国 DAX 股票指数包含的公司的股息收益率为 0 ~ 5%。

股息收益率 = 每股股息 / 每股股价 × 100%

道琼斯工业平均指数

简称道琼斯指数，是美国股票指数的一种，包含了 30 家规模最大的美国上市公司。该指数由查尔斯·道于 1884 年创立，是世界上最古老的股票指数之一。道琼斯指数是一个价格指数，股息不计入该指数的计算。

自有资本

即公司资产减去负债，也就是公司所有人出资的资本加上公司产生的利润。与自有资本相对应的是外部资本。

自有资本比率

一项财务指标，反映自有资本占总资本的比率。自有资本比率能够提供有关公司资本结构的信息，反映公司的信用度。自有资本比率因行业不同而不同。

$$自有资本比率 = 自有资本 / 总资本 \times 100\%$$

自有资本收益率

一项财务指标,反映了一家公司的自有资本在特定时期的收益情况。

$$自有资本收益率 = 利润 / 自有资本 \times 100\%$$

新兴成长型基金

新兴成长型基金的基金经理主要投资于小型的新兴企业。

发行人

指发行证券的主体(比如企业、银行、保险机构、地方政府)。发行人发行的证券可以是股票或债券。

交易型开放式指数基金(ETF)

一种投资基金,其资产结构和权重以某一股票指数为基础。交易型开放式指数基金不需要庞大的分析师团队,因此管理成本较低。交易型开放式指数基金几乎适用于所有资产类别,投资者可以通过它来投资股票、原材料、债券、信用衍生品和货币市场。

财务指标

用于评估企业经济状况的商业指标，比如股息收益率、自有资本比率、自有资本收益率、市盈率、市净率、市现率和市销率。

集中投资

指将投资集中于少数股票。著名的集中投资者有沃伦·巴菲特。

基金

源于拉丁语，原意是土地、土壤。在经济领域，指为一定目的而设立的具有一定数量的资金。

基金经理

指投资基金的管理者。其职责是尽可能地利用基金的资产进行安全、高收益的投资。基金经理在一定的投资条件、投资原则和法定投资限额之内做出投资决策。最成功的基金经理有彼得·林奇和约翰·邓普顿。

四倍股

指价格增长四倍的股票。这个词来自棒球运动中的"本垒打"，一次本垒打最高可得四分。在股市中，这个数字并不局限于"四"，如果股票在某一时期内上涨了十倍，我们就可以称其为"十倍股"。

外部资本

由企业的负债和准备金组成。也可以说，它是由公司外部的资方以贷款、抵押贷款、卖方信贷等形式提供的资本，或者是为未来负债准备的款项。与外部资本相对应的是自有资本。

基本面分析

指依据基本财务数据（如自有资本比率、市盈率、股息收益率等）来分析评估股票或公司的价值。基本面分析的变体是价值投资。

合并

两个或多个独立的公司融合为一家公司。

期货

规定在未来某一特定日期以特定价格购买或出售持定数量商品的合约。股票期货也被称为金融期货。

投资收益率

一种财务指标，代表公司所使用的全部资本（包含自有资本与外部资本）的收益率。10% 的投资收益率意味着一家公司每使用 100 欧元的资本就能获得 10 欧元的利润。

投资收益率 =（利润 + 外部资本收益）/ 总资本 ×100%

本杰明·格雷厄姆

生于 1894 年 5 月 9 日，逝于 1976 年 9 月 21 日，美国经济学家、投资者。他与大卫·多德共同提出了基本面分析的概念。他的学生有约翰·邓普顿、沃伦·巴菲特等。

股东大会

一种股份公司权力机构，由全体普通股股东组成。股东大会每年召开一次，因特殊原因也可以召开临时股东大会。股东大会通过股份公司的董事会、监事会或者管理委员会来确定利润分配、通过有关公司章程的决议、任命年度结算审计人，以及投票表决重要的公司决策（如增资、收购等）。

蝗虫

指那些只对快速回报感兴趣的投资者。这样的投资者像蝗虫一样掠食公司。

指数基金

跟踪股票指数（比如德国 DAX 股票指数和纳斯达克指数）的投资基金。

内在价值

一个价值投资领域的财务术语，表示基于对资产负债表的分析或对财务指标的计算而得出的一家公司的合适价值。在考虑到安全边际的情况下，如果一家公司的内在价值高于当前的市场价格，该公司的股票就值得购买。

投资基金

通过资金或资本进行投资的基金。根据投资类别的不同，投资基金可以分为股票基金、房地产基金、原材料基金和养老基金。此外，还有投资于多种资产类别的混合型基金和投资于其他基金的组合型基金。

基金主要分为主动管理型基金（由基金经理管理）和被动管理型基金。基金经理是专业的资产管理者，负责选择构成基金资产的证券及其数量。基金管理的目标是增加基金资产，使资产收益超过平均水平。被动管理型基金与指数（比如股票指数或债券指数）挂钩。被动管理型基金的常见例子是交易型开放式指数基金（ETF）。根据投资基金的公开性，投资基金可以分为开放式基金和封闭式基金。开放式基金的份额可以在任何时间进行交易。封闭式基金只能在认购阶段购买，只有在到期时投资公司才会回收。

首次公开募股（IPO）

指股份公司在证券交易所首次发行股票。

一月效应

指股票通常在每年的第一个月会带来高于平均水平的收益，小公司的股票尤其如此。

垃圾债券

指违约概率高的债券。这些债券由陷入经济困难、无法从银行获得贷款的公司发行。由于违约概率高、风险大，因此垃圾债券通常有比较高的利率。

资本

一家企业的资本由自有资本和外部资本组成。外部资本在资产负债表中体现为负债。

市净率

评估公司资产价值的财务指标。沃伦·巴菲特和本杰明·格雷厄姆等价值投资者尤其推崇用市净率来评估股票和公司。市净率越低，股票越便宜。市净率尤其适用于价值投资。

市净率 = 每股股价 / 每股账面价值

市现率

也称股价与现金流比率，是一项以资金流动性为导向的财务指标。该指标持别适用于评估处于亏损状态的公司，因为在亏损的情况下参考市盈率没有意义。此外，市现率不太容易受到公司管理层为了改善资产负债表而采取的措施的影响。市现率越低，股票越便宜。

市现率 = 每股股价 / 每股现金流

市盈率

一种财务指标，用于衡量公司股价与收益的关系。市盈率是股票估值中使用最广泛的财务指标之一。然而，在公司亏损的情况下，市盈率这一指标是没有意义的。在这种情况下，可参考的指标是市现率。从历史上看，德国 DAX 股票指数中的股票平均市盈率约为15。一般情况下，市盈率明显较低的股票被认为是值得购买的。

市盈率 = 每股股价 / 每股收益

价格指数

与业绩指数相对应，是反映一组股票的价格走势的指标。与业绩指数不同的是，计算价格指数时不考虑资本变化和股息的影响。

市销率

一种专门用于评估亏损股票的财务指标，同时也适用于评估周期性股票，例如工业企业、批发商和原材料生产商的股票，这些公司的利润在很大程度上取决于总体经济发展水平。与同行业的其他股票相比，市销率相对较低的股票被认为价格更便宜。

市销率 = 每股股价 / 每股销售额

国家基金

国家基金投资于特定国家的公司。国家基金需要投资者具备耐心，进行反周期投资。由于费用高，国家基金通常很昂贵，同时货币风险也不容低估。

大盘股

指具有高市值的大型公司的股票。同义词是蓝筹股。

做空

卖方在股票（以及其他证券、商品或外汇）尚未成为其资产的情况下将其出售的行为。卖方选择做空，通常是因为预测自己能够在将来以更低的价格再次买入该证券。

彼得·林奇

生于1944年1月19日，曾管理麦哲伦基金，是股票市场上最成功的基金经理之一。

市场倍数

指股票指数的平均市盈率。在过去的30年里，德国DAX股票指数的市场倍数为14，道琼斯工业平均指数为18。

有效市场假说

根据有效市场假说，金融市场是完美（有效）的市场。全部市场信息都能在短时间内提供给所有参与者。这意味着金融市场上的价格（股价）一直处于平衡状态，因此从长远来看，在金融市场上不可能出现高于平均水平的收益。诺贝尔奖得主尤金·法玛等人提出的有效市场假说，在实践中被约翰·邓普顿、沃伦·巴菲特和本杰明·格雷厄姆等价值投资者反驳。

市值

指上市公司的股票总价值，是一家股份公司的当前股价与流动股数的乘积。

查理·芒格

生于 1924 年 1 月 1 日，美国律师、价值投资者。自 1978 年起，查理·芒格一直担任伯克希尔 – 哈撒韦投资公司的副董事长。

开放式基金

投资基金的一种，任何投资者都能参与，也被称作开放式投资基金。通过在股市购买开放式基金，投资者成为基金资产的共同拥有者，有权按照当前股价分享利润和投资收益。

场外交易

指在证券交易所以外进行的证券交易。

绩优股

指价格走势明显优于平均水平（以行业平均水平或指数为衡量标准）的股票。

仙股

指以非常低的价格进行交易的股票。在欧元市场，指价格低于 1 欧元的股票。在美国，交易价格低于 5 美元的股票被称为仙股。仙股往往有较大的波动性，因此成为投机者的投资对象。

业绩

指股票、投资基金或者其他上市投资产品的收益发展情况。

绩效指数

与价格指数相对，在计算时，资本与股息的变化也被考虑在内。比如，德国 DAX 股票指数就属于绩效指数。

投资组合

指投资者在其资产中持有的所有证券或基金的情况。

投资组合理论

投资组合理论指出，在一个多元化的投资组合中，个别证券的风险可以被其他证券抵消。根据投资组合理论，应当在投资中持有大量不同的股票。该理论由美国诺贝尔经济学奖得主哈里·马科维茨提出。

季度报告

在季度报告中，股份公司记录了过去一个季度里的业务发展情况。

收益率

资本投资的收益率是指利润的百分比，收益率可分为多种。自有资本收益率显示了自有资本带来的收益，投资收益率则显示了自有资本和外部资本带来的总收益，销售收益率是某一时期内销售额产生的利润的比率。

美国证券交易委员会

一家位于华盛顿哥伦比亚特区的美国证券监管机构。

情绪分析

一种市场分析方法，该方法认为在评估价格走势时，还应考虑市场参与者的普遍情绪。情绪分析可以建立在民意调查结果、内幕交易数量和（或）媒体报道等几个方面之上。

安全边际

指股票的购买价格与实际价值之间的差额，旨在抵消或降低投资风险。价值投资者通过计算一家公司或一只股票的内在价值（账面价值）确定安全边际。当股票的价格低于其内在价值一定程度（例如 20% 或 25%）时，价值投资者就将这种情况视为具备安全边际，可以买入该股票。

小盘股

指市值比较低的小型公司的股票。

投机者

投机者购买股票不是为了长期投资，而是为了在短期内获利，投机者往往承担更高的风险。"投机"这个词带有一定的负面含义，出于这个原因，在股市从事投机交易的人越来越多地被称作交易者。

价差

在证券交易所买入和卖出股票时，买入价格和卖出价格之间的差额。

强制排除

指占主导地位的大股东将剩余的小股东从股份公司中排挤出去。

普通股

股份持有人在股东大会上可拥有表决权的股份。没有表决权的股份被称为优先股。

标准普尔 500 指数

一个反映美国市场的指数，依据美国 500 家最大的股份公司的股价来计算。因此，它比道琼斯工业平均指数更加准确地反映美国的经济状况。

选股者

有针对性地投资于单个上市公司或其股票的投资者。

自由流通股

一家公司在证券交易所交易的股份数量。大股东持有的公司股份不属于自由流通股，如果一家公司只有 5% 的股份处于自由流通状态，就可能出现强制排除现象。

短期国债

指由一国政府发行的短期债券，期限在一个月到一年之间。

长期国债

指由一国政府发行的长期债券，期限在 10~30 年之间。

交易者

短期买卖证券的投机者，在动荡的环境里利用价格波动快速获利。

转机

指受危机困扰的公司重新恢复盈利。

要约收购

一种特殊的证券交易形式，旨在取得股份公司的控制权。获得目标公司 30% 以上的表决权份额即可实现对一家股份公司的控制。

恶意收购

在事先未与董事会、监事会和公司员工协商的情况下，向股东发出要约收购公告。在实际操作中，恶意收购会进行形式上的调整，并通常被所收购公司的权力机构接受。

友好收购

在发出要约收购公告之前与公司的所有机构经过谈判并最终达成一致的收购。

价值基金

价值基金的基金经理依据价值投资的标准，投资于具备持续增长潜力的被低估的股票。

价值投资

一种证券分析方法，是基本面分析的一种变体。价值投资者投资于价格明显低于公司内在价值的股票，这种股票的特点通常是具有较低的市盈率和高于平均水平的股息收益率。价值投资者的目的是找出被低估的公司，并进行投资。价值投资是由美国经济学家本杰明·格雷厄姆和大卫·多德在 20 世纪 30 年代提出的概念，最著名的价值投资者有本杰明·格雷厄姆、沃伦·巴菲特和查理·芒格。

负债

指一家公司未履行的财务义务的总和，其中包括银行贷款、债券和客户的预付款。公司的负债必须显示在资产负债表的负债一栏。

波动性

指股票价格在一个观察期内的波动范围。也就是说，高波动性表示股价波动幅度大。

董事会

公司的管理机构，主要任务是管理公司，以及在法庭内外代表公司。在德国，董事会成员由监事会任命。

优先股

在利润分配中具有优先权的股票，股息高于普通股。但优先股的持有者不能在股东大会上投票。

成长型基金

主要投资于销售额高于平均水平并且具有强大增长潜力的公司。邓普顿成长基金就属于成长型基金。

证券分析

指对证券市场的系统研究与分析。证券分析的目的是依据分析结果提出买入、持有或卖出某只股票的建议。
在实践中，有三种证券分析的方式：基本面分析研究
公司的关键业务指标，并根据这些数据给出操作建议；
图表分析研究某一只股票的历史价格走势，并对该股
票的未来发展进行预测；情绪分析研究市场和投资者
的情绪，并从中得出操作建议。

参考文献

1   Vgl. Proctor, William; Phillips, Scott : The Templeton Touch, West Conshohocken 2012, S. 21 f.

2   Templeton, Lauren C.; Phillips, Scott: Die Templeton-Methode, München 2008, S. 15.

3   Proctor, William; Phillips, Scott: The Templeton Touch, West Conshohocken 2012, S. 26.

4   Templeton, John, in der Zeitschrift: Guideposts, September 1982, Seite 18.

5   Templeton, Lauren C.; Phillips, Scott: Die Templeton-Methode, München 2008, S. 22.

6   Vgl. Proctor, William; Phillips, Scott: The Templeton Touch, West Conshohocken 2012, S. 27.

7   Proctor, William; Phillips, Scott: The Templeton Touch, West Conshohocken 2012, S. 33.

8   Berryessa, Norman; Kirzner, Eric, Global Investing: The Templeton Way, Homewood 1988, S. 4.

9   Vgl. Proctor, William; Phillips, Scott: The Templeton Touch, West Conshohocken 2012, S. 18.

10 Vgl. Davis, Jonathan; Nairn, Alasdair: Templeton's Way with Money, Hoboken 2012, S. 2.

11 Vgl. Herrmann, Robert L., Sir John Templeton: From Wall Street to humility theology, Radnor 1998, S. 100.

12 Herrmann, Robert L., Sir John Templeton: From Wall Street to humility theology, Radnor 1998, S. 101.

13 Templeton, Lauren C.; Phillips, Scott: Die Templeton-Methode, München 2008, S. 24.

14 Vgl. Herrmann, Robert L., Sir John Templeton: Supporting Scientific Research for Spiritual Dicoveries, Radnor 2004, S. 102.

15 Herrmann, Robert L., Sir John Templeton: Supporting Scientific Research for Spiritual Dicoveries, Radnor 2004, S. 102.

16 Vgl. Herrmann, Robert L., Sir John Templeton: Supporting Scientific Research for Spiritual Dicoveries, Radnor 2004, S. 109.

17 Vgl. Proctor, William; Phillips, Scott: The Templeton Touch, West Conshohocken 2012, S. 37.

18 Herrmann, Robert L., Sir John Templeton: From Wall Street to humility theology, Radnor 1998, S. 111.

19 Herrmann, Robert L., Sir John Templeton: Supporting Scientific Research for Spiritual Dicoveries, Radnor 2004, S. 112.

20 Templeton, Lauren C.; Phillips, Scott: Die Templeton-Methode, München 2008, S. 29.

21 Proctor, William; Phillips, Scott: The Templeton Touch, West Conshohocken 2012, S. 39.

22 Morrien, Rolf; Vinkelau, Heinz: Alles, was Sie über Charlie Munger wissen müssen, München 2018, S. 15.

23 Lynch, Peter; Rothchild, John: Der Börse einen Schritt voraus, Kulmbach 2018, S. 80.

24 梭哈扑克是一种扑克游戏，每位玩家都拿到几张牌面朝上的牌、几张牌面朝下的牌。

25 Lynch, Peter; Rothchild, John: Der Börse einen Schritt voraus, Kulmbach 2018, S. 120.

26 Vgl. Herrmann, Robert L., Sir John Templeton: From Wall Street to humility theology, Radnor 1998, S. 112 f.

27 Vgl. Herrmann, Robert L., Sir John Templeton: Supporting Scientific Research for Spiritual Dicoveries, Radnor 2004, S. 112 ff.

28 Proctor, William; Phillips, Scott: The Templeton Touch, West Conshohocken 2012, S. XII.

29 Proctor, William; Phillips, Scott: The Templeton Touch, West Conshohocken 2012, S. 50.

30 Herrmann, Robert L., Sir John Templeton: From Wall Street to humility theology, Radnor 1998, S. 125.

31 Vgl. Proctor, William; Phillips, Scott: The Templeton Touch, West Conshohocken 2012, S. 72.

32 Berryessa, Norman; Kirzner, Eric, Global Investing: The Templeton Way, Homewood 1988, S. 134.

33 Templeton, Lauren C.; Phillips, Scott: Die Templeton-Methode, München 2008, S. 213 ff.

34 Proctor, William; Phillips, Scott: The Templeton Touch, West Conshohocken 2012, S. 58.

35 Vgl. Templeton, Lauren C.; Phillips, Scott: Die Templeton-Methode, München 2008, S. 53 ff.

36 Herrmann, Robert L., Sir John Templeton: Supporting Scientific Research for Spiritual Dicoveries, Radnor 2004, S. 126 f.

37 Proctor, William; Phillips, Scott: The Templeton Touch, West Conshohocken 2012, S. 57.

38 Herrmann, Robert L., Sir John Templeton: From Wall Street to humility theology, Radnor 1998, S. 125 f.

39 Vgl. Herrmann, Robert L., Sir John Templeton: Supporting Scientific Research for Spiritual Dicoveries, Radnor 2004, S. 127 f.

40 Vgl. Proctor, William; Phillips, Scott: The Templeton Touch, West Conshohocken 2012, S. 70f.

41 Herrmann, Robert L., Sir John Templeton: From Wall Street to humility theology, Radnor 1998, S. 130.

42 Davis, Jonathan; Nairn, Alasdair: Templeton's Way with Money, Hoboken 2012, S. 63.

43 Davis, Jonathan; Nairn, Alasdair: Templeton's Way with Money, Hoboken 2012, S. 68.

44 Berryessa, Norman, Kirzner, Eric: Global Investing: The Templeton Way, Homewood 1988, S. 186.

45 Davis, Jonathan; Nairn, Alasdair: Templeton's Way with Money, Hoboken 2012, S. 70 ff.

46 Davis, Jonathan; Nairn, Alasdair: Templeton's Way with Money, Hoboken 2012, S. 63.

47 Davis, Jonathan; Nairn, Alasdair: Templeton's Way with Money, Hoboken 2012, S. 76 ff.

48 Davis, Jonathan; Nairn, Alasdair: Templeton's Way with Money, Hoboken 2012, S. 82.

49 Templeton, Lauren C.; Phillips, Scott: Die Templeton-Methode, München 2008, S. 71.

50 Proctor, William; Phillips, Scott: The Templeton Touch, West Conshohocken 2012, S. 140.

51 Vgl. Herrmann, Robert L., Sir John Templeton: Supporting Scientific Research for Spiritual Dicoveries, Radnor 2004, S. 142.

52 Herrmann, Robert L., Sir John Templeton: Supporting Scientific Research for Spiritual Dicoveries, Radnor 2004, S. 138.

53 Proctor, William; Phillips, Scott: The Templeton Touch, West Conshohocken 2012, S. 149.

54 Berryessa, Norman; Kirzner, Eric: Global Investing: The Templeton Way, Homewood 1988, S. 84.

55 Vgl. Morrien, Rolf; Vinkelau, Heinz: Alles, was Sie über Benjamin Graham wissen müssen, München 2018.

56 Templeton, Lauren C.; Phillips, Scott: Die Templeton-Methode, München 2008, S. 10.

57 Templeton, Lauren C.; Phillips, Scott: Die Templeton-Methode, München 2008, S. 222.

58 Vgl. Morrien, Rolf; Vinkelau, Heinz: Alles, was Sie über Warren Buffett wissen müssen, München 2018.

59 Vgl. Morrien, Rolf; Vinkelau, Heinz: Alles, was Sie über Benjamin Graham wissen müssen, München 2018.

60 Berryessa, Norman; Kirzner, Eric: Global Investing: The Templeton Way, Homewood 1988, S. 125.

61 Herrmann, Robert L., Sir John Templeton: Supporting Scientific Research for Spiritual Dicoveries, Radnor 2004, S. 143.

62 Vgl. Berryessa, Norman; Kirzner, Eric: Global Investing: The Templeton Way, Homewood 1988, S. 183ff.

63 Herrmann, Robert L., Sir John Templeton: Supporting Scientific Research for Spiritual Dicoveries, Radnor 2004, S. 143.

64 Herrmann, Robert L., Sir John Templeton: Supporting Scientific Research for Spiritual Dicoveries, Radnor 2004, S. 143.

65 Davis, Jonathan; Nairn, Alasdair: Templeton's Way with Money, Hoboken 2012, S. 82.

66 Vgl. Thomas, Nick in: aktien Magazin vom 22.03.2017: Mit spiritueller Erleuchtung zur Hammer-Rendite – Sir John Templeton (https://aktien-mag.de/zitate/mit-spiritueller-erleuchtung-zur-hammer-rendite-sir-john-templeton/p-4450/)

67 Quelle: Berryessa, Norman, Kirzner, Eric: Global Investing: The Templeton Way, Home-

参考文献

wood 1988, S. 42f.

68 Proctor, William; Phillips, Scott: The Templeton Touch, West Conshohocken 2012, S. 77ff.

69 Herrmann, Robert L., Sir John Templeton: Supporting Scientific Research for Spiritual Di-
    coveries, Radnor 2004, S. 145 f.

70 Louis Rukeyser zitiert in: Herrmann, Robert L., Sir John Templeton: From Wall Street to hu-
    mility theology, Radnor 1998, S. 146.

71 Train, John: The Money Masters, New York 1980, S. 161.

72 Vgl. Morrien, Rolf; Vinkelau, Heinz: Alles, was Sie über Peter Lynch wissen müssen, Mün-
    chen 2019.

73 Davis, Jonathan; Nairn, Alasdair: Templeton's Way with Money, Hoboken 2012, S. 80.

74 Vgl. Templeton, Lauren C.; Phillips, Scott: Die Templeton-Methode, München 2008, S.
    220ff.

75 Berryessa, Norman; Kirzner, Eric: Global Investing: The Templeton Way, Homewood 1988,
    S. 126.

76 Vgl. https://www.franklintempleton.com/forms-literature/download/TL-R16

77 Templeton, John: Rules for Investment Success – How to make money in stocks, Hawthorne
    2007, S. 19.

78 Templeton, John: Rules for Investment Success – How to make money in stocks, Hawthor-
    ne 2007, S. 21.

79 Davis, Jonathan; Nairn, Alasdair: Templeton's Way with Money, Hoboken 2012, S. 89.

80 Templeton, John: Rules for Investment Success – How to make money in stocks, Hawthor-
    ne 2007, S. 23.

81 Templeton, John: Rules for Investment Success – How to make money in stocks, Hawthor-
    ne 2007, S. 23.

82 Berryessa, Norman; Kirzner, Eric: Global Investing: The Templeton Way, Homewood 1988,
    S. 204.

83 Templeton, John: Rules for Investment Success – How to make money in stocks, Hawthor-
    ne 2007, S. 26.

84 Berryessa, Norman; Kirzner, Eric: Global Investing: The Templeton Way, Homewood 1988,
    S. 132.

85 Templeton, John: Rules for Investment Success – How to make money in stocks, Hawthor-
    ne 2007, S. 28.

86 Templeton, John: Rules for Investment Success – How to make money in stocks, Hawthor-
    ne 2007, S. 29.

87 Berryessa, Norman; Kirzner, Eric: Global Investing: The Templeton Way, Homewood 1988,
    S. 150.

88 Berryessa, Norman; Kirzner, Eric: Global Investing: The Templeton Way, Homewood 1988,
    S. 123.

89 Berryessa, Norman; Kirzner, Eric: Global Investing: The Templeton Way, Homewood 1988,

S. 54.

90 Templeton, Lauren C.; Phillips, Scott: Die Templeton-Methode, München 2008, S. 9.

91 Vgl. Morrien, Rolf; Vinkelau, Heinz: Alles, was Sie über Benjamin Graham wissen müssen, München 2018.

92 Templeton, Lauren C.; Phillips, Scott: Die Templeton-Methode, München 2008, S. 50.

93 Davis, Jonathan; Nairn, Alasdair: Templeton's Way with Money, Hoboken 2012, S. 118.

94 Templeton, Lauren C.; Phillips, Scott: Die Templeton-Methode, München 2008, S. 65.

95 Quelle: Davis, Jonathan; Nairn, Alasdair: Templeton's Way with Money, Hoboken 2012, S. 80.

96 Berryessa, Norman; Kirzner, Eric: Global Investing: The Templeton Way, Homewood 1988, S. 192.

97 Davis, Jonathan; Nairn, Alasdair: Templeton's Way with Money, Hoboken 2012, S. 119.

98 Davis, Jonathan; Nairn, Alasdair: Templeton's Way with Money, Hoboken 2012, S. 119.

99 Templeton, John: Rules for Investment Success – How to make money in stocks, Hawthorne 2007, S. 35.

100 Templeton, John: Rules for Investment Success – How to make money in stocks, Hawthorne 2007, S. 35.

101 Davis, Jonathan; Nairn, Alasdair: Templeton's Way with Money, Hoboken 2012, S. 121.

102 Berryessa, Norman; Kirzner, Eric: Global Investing: The Templeton Way, Homewood 1988, S. 195.

103 Memorandum to Clients 1945, zitiert in: Davis, Jonathan; Nairn, Alasdair, Templeton's Way with Money, Hoboken 2012, S. 37.

104 Templeton, Lauren C.; Phillips, Scott: Die Templeton-Methode, München 2008, S. 11.

105 Templeton, John: Rules for Investment Success – How to make money in stocks, Hawthorne 2007, S. 37.

106 Templeton, John: Rules for Investment Success – How to make money in stocks, Hawthorne 2007, S. 39.

107 Templeton, Lauren C.; Phillips, Scott, Die Templeton-Methode, München 2008, S. 62.

108 Templeton, John: Rules for Investment Success – How to make money in stocks, Hawthorne 2007, S. 41.

109 Templeton, John: Rules for Investment Success – How to make money in stocks, Hawthorne 2007, S. 43.

110 Templeton, John: Rules for Investment Success – How to make money in stocks, Hawthorne 2007, S. 45.

111 Berryessa, Norman; Kirzner, Eric: Global Investing: The Templeton Way, Homewood 1988, S. 125.

112 Davis, Jonathan; Nairn, Alasdair: Templeton's Way with Money, Hoboken 2012, S. 121.

113 Templeton, John: Rules for Investment Success – How to make money in stocks, Hawthorne 2007, S. 49.

参考文献